Jana Zündel

# An den Drehschrauben filmischer Spannung

Zeit und Raum bei Alfred Hitchcock.
Verzögerungen und Deadlines, klaustrophobische
und expansive Räume

# FILM- UND MEDIENWISSENSCHAFT

Herausgegeben von Irmbert Schenk und Hans Jürgen Wulff

ISSN 1866-3397

23  Julia Steimle
    Fiktive Realität – reale Fiktion
    Realitätsebenen und ihre Integration im Hollywood-Backstage-Musical, untersucht anhand von THE BROADWAY MELODY, GOLD DIGGERS OF 1933, THE BAND WAGON, ALL THAT JAZZ und MOULIN ROUGE!
    ISBN 978-3-8382-0319-5

24  Jana Heberlein
    Die Neue Berliner Schule
    Zwischen Verflachung und Tiefe: Ein ästhetisches Spannungsfeld in den Filmen von Angela Schanelec
    ISBN 978-3-8382-0407-9

25  Karoline Stiefel
    Geistesblitze und Genialität – Bilder aus dem Gehirn des Detektivs
    Die Visualisierung von Imagination in den TV-Serien SHERLOCK und HOUSE, M.D.
    ISBN 978-3-8382-0522-9

26  Stephanie Boniberger
    Musical in Serie
    Von Buffy bis Grey's Anatomy: Über das reflexive Potential der special episodes amerikanischer TV-Serien
    ISBN 978-3-8382-0492-5

27  Phillip Dreher
    Morin und der Film als Spiegel
    Eine theoriegeschichtliche Verortung der Filmtheorie von Edgar Morin
    ISBN 978-3-8382-0486-4

28  Marlies Klamt
    Das Spiel mit den Möglichkeiten
    Variantenfilme – Zwischen Multiperspektivität und Chaostheorie
    ISBN 978-3-8382-0811-4

29  Ralf A. Linder
    Zwischen Propaganda und Anti-Kriegsbotschaft:
    Die Darstellung des Krieges im US-amerikanischen Spielfilm als Indikator gesellschaftlichen Wandels
    ISBN 978-3-8382-0750-6

30  Jana Zündel
    An den Drehschrauben filmischer Spannung
    Zeit und Raum bei Alfred Hitchcock.
    Verzögerungen und Deadlines, klaustrophobische und expansive Räume
    ISBN 978-3-8382-0940-1

Jana Zündel

# AN DEN DREHSCHRAUBEN FILMISCHER SPANNUNG

Zeit und Raum bei Alfred Hitchcock.
Verzögerungen und Deadlines, klaustrophobische
und expansive Räume

*ibidem*-Verlag
Stuttgart

**Bibliografische Information der Deutschen Nationalbibliothek**
Die Deutsche Nationalbibliothek verzeichnet diese Publikation in der Deutschen Nationalbibliografie; detaillierte bibliografische Daten sind im Internet über http://dnb.d-nb.de abrufbar.

**Bibliographic information published by the Deutsche Nationalbibliothek**
Die Deutsche Nationalbibliothek lists this publication in the Deutsche Nationalbibliografie; detailed bibliographic data are available in the Internet at http://dnb.d-nb.de.

Gedruckt auf alterungsbeständigem, säurefreien Papier
Printed on acid-free paper

ISSN: 1866-3397

ISBN-13: 978-3-8382-0940-1

© *ibidem*-Verlag
Stuttgart 2016

Alle Rechte vorbehalten

Das Werk einschließlich aller seiner Teile ist urheberrechtlich geschützt. Jede Verwertung außerhalb der engen Grenzen des Urheberrechtsgesetzes ist ohne Zustimmung des Verlages unzulässig und strafbar. Dies gilt insbesondere für Vervielfältigungen, Übersetzungen, Mikroverfilmungen und elektronische Speicherformen sowie die Einspeicherung und Verarbeitung in elektronischen Systemen.

All rights reserved. No part of this publication may be reproduced, stored in or introduced into a retrieval system, or transmitted, in any form, or by any means (electronical, mechanical, photocopying, recording or otherwise) without the prior written permission of the publisher. Any person who does any unauthorized act in relation to this publication may be liable to criminal prosecution and civil claims for damages.

Printed in the EU

# Inhaltsverzeichnis

| | |
|---|---|
| Vorwort | 7 |
| 1. Einleitung | 9 |
| 2. Zeit und Raum im Film | 13 |
|    2.1 Zeitrepräsentation im Film: Erzählzeit und erzählte Zeit | 13 |
|    2.2 Raumkonstruktion im Film: Räume der Handlung und Handlungsräume | 15 |
| 3. Spannung im Film | 23 |
|    3.1 Definitionen filmischer Spannung | 23 |
|    3.2 Das Spiel mit dem Wissen des Zuschauers | 27 |
| 4. Zeitstrategien in Spannungssituationen | 33 |
|    4.1 Aufgeschoben ist nicht aufgehoben – Verzögerungen bei Hitchcock | 35 |
|       4.1.1 Im Diskurs vorenthalten | 36 |
|       4.1.2 Diegetischer Aufschub | 44 |
|    4.2 Unter Zeitdruck ins Verderben – Deadlines bei Hitchcock | 52 |
|       4.2.1 Mit dem Blick auf die Uhr | 52 |
|       4.2.2 Zeitangaben ohne Zeit | 59 |
|    4.3 Informationsgefälle und Zeitdramaturgien – ein Zwischenfazit | 68 |
| 5. Raumstrategien in Spannungssituationen | 73 |
|    5.1 Der invariante Handlungsraum | 75 |
|    5.2 Transformationen des Handlungsraums | 87 |
|       5.2.1 Jetzt wird es eng – Klaustrophobische Raumdynamiken | 88 |
|       5.2.2 Flucht nach vorne – Exploratorische Raumdynamiken | 101 |
| 6. Fazit und Ausblick | 119 |
| Bibliografie | 123 |
| Filmografie | 127 |
| Anhang | 129 |
|    1. Einstellungsprotokoll: THE BIRDS | 129 |
|    2. Einstellungsprotokoll: SABOTAGE | 137 |
|    3. Einstellungsprotokoll: THE MAN WHO KNEW TOO MUCH | 147 |

# Vorwort

Jana Zündels Masterarbeit trägt einen schlichten, ja bescheidenen Titel: Um nichts anderes als die Parameter von Zeit und Raum bei der Erzeugung filmischer Spannung geht es ihr – und dies ausgerechnet am Beispiel des Werks von Alfred Hitchcock: Ist darüber denn nicht alles gesagt und geschrieben? Bedenken dieser Art erweisen sich als unangebracht angesichts der Souveränität, mit der sich die Verfasserin ihrem Gegenstand nähert, und der Präzision, mit der sie Erkenntnisse am Material sichert und damit der Spannungsforschung neue Impulse verleiht.

Die Untersuchung folgt dem Vorsatz, pauschalisierenden Urteilen mit einem differenzierten Analysemodell zu begegnen: „Inwiefern tragen die raumzeitlichen Bedingungen und Wendungen einer Sequenz zu Aufbau und Steigerung von Spannung bei? Wie beeinflussen diese Größen die Wahrnehmungs- und Verstehensprozesse des Zuschauers? Wie werden Zeit- und Raumdynamiken kombiniert?", so die leitenden Fragen der Untersuchung.

Die Analyse von Szenen aus NORTH BY NORTHWEST, NOTORIOUS, REAR WINDOW, SABOTAGE, SABOTEUR, STRANGERS ON A TRAIN, THE BIRDS und THE MAN WHO KNEW TOO MUCH erarbeitet zunächst eine differenzierte Darlegung der zeit- und informationsbezogenen Strategien, welche die bisherigen Forschungsergebnisse erweitern und modifizieren. So gelangt Zündel etwa zu einer binnendifferenzierten Betrachtung der Dramaturgie der Spannungsszene und arbeitet deren grundsätzliche Gliederung in eine Phase der Ausformulierung und eine der Problemlösung heraus, die mit ganz unterschiedlichen Strategien und Wissensverteilungen arbeiten.

Im zweiten Teil der Analyse ergänzt Zündel ihre systematische Aufschlüsselung des Materials um den Aspekt des Raums. Sie gelangt zu neuen Einsichten in die Funktion des Raumes in Spannungsszenen und verzahnt darüber hinaus die Wirkmechanismen der Inszenierungsentscheidungen miteinander – eine raffinierte, elegante und, wie sich zeigt, überaus effektive Anlage der Analyse. Die Verfasserin widmet sich mithin der „[...] Frage, welche Raumkonzepte und -dynamiken zur Spannungssteigerung genutzt werden", und stellt der „populären Strategie" der „Verengung des Raums" und der „damit verbundenen Beklemmung des Protagonisten" eine abwägende Betrachtung gegenüber. Verengung erweist sich als gängige, aber eben nicht alleinige Strategie in der Dynamik des Umgangs mit dem Handlungsraum, der „Eingrenzung" steht die „Erweiterung" gegenüber. Zündel gelingt es, diese Parameter theoretisch und analytisch zu sezieren und vorzuführen, wie sie auf unterschiedlichste Weisen ineinandergreifen und einander zuarbeiten. Allzu simple Formeln von Spannung als „Verknappung der Zeit" und „Verengung des Raums" bei gleichzeitigem Mehrwissen der Zuschauer gegenüber den gefährdeten Figuren werden geprüft und relativiert, die Kombinationen und Modulationen von Spannung präzise herausgearbeitet. Darzulegen, welche Interdependenzen hier bestehen: Das ist zentraler Ertrag der Untersuchung, die zum Schluss auf Fragen nach somatischer Empathie und der Moral für das Spannungserleben des Zuschauers geöffnet wird.

März 2016                                                                                       Britta Hartmann

# 1. Einleitung

Zu den elementaren Aufgaben filmischer Erzähltexte gehört das Fingieren einer Welt. Dieser Prozess wird auf die Entwurfs- und Verstehenstätigkeiten des Zuschauers ausgerichtet, der in der Rezeption die Diegese hervorbringt (vgl. Wulff 2007, 47). Als gemeinsames Produkt aus Textangebot und Zuschaueraktivität erweist sich die erzählte Welt als modellhafte Einheit mit eigenen raumzeitlichen Beziehungen (vgl. ebd., 40). Letztere sind für den Prozess des Diegetisierens von zentraler Bedeutung. Die filmische Auflösung des fiktionalen Raum-Zeit-Gefüges beeinflusst, welche Zusammenhänge der Rezipient zwischen den repräsentierten Ereignissen herstellt (vgl. Branigan 2006, 39). Die Darstellung von Zeit und Raum muss dabei nicht der Alltagswahrnehmung entsprechen. Im Regelfall weichen die räumlichen und zeitlichen Anordnungen im Film deutlich von realweltlichen Maßstäben ab, um den dramaturgischen Zielen des Spielfilms zu entsprechen. Eine dieser Aufgaben erweist sich in den meisten fiktionalen Filmen als unentbehrlich und ist für Publikum und Forschung gleichermaßen ein Phänomen: die Spannung. Sie gilt als Grundqualität eines Films (vgl. Wuss 1993, 101), in bestimmten Genres wird ihr sogar noch mehr Bedeutung zugeschrieben. Ob ein Film als spannend empfunden wird, ist einerseits eine subjektive Frage, da Spannungserleben die kognitive Mitarbeit des Zuschauers voraussetzt. Andererseits obliegen der Aufbau und die Steigerung von Spannung dem Geschick der Filmschaffenden. Das jeweilige Spannungskonstrukt stellt ein textuelles Angebot an den Zuschauer dar, der die Kontrolle über sein eigenes Spannungserleben hat (vgl. Wulff 2002, o.S.).

Spannung ist sowohl ein Charakteristikum des Films als Gesamttext als auch ein wesentlicher Faktor in der Rezeption einzelner Szenen. Unter der Annahme, dass eine mehr oder minder spezifische Frage- und Zielstellung einen Film von Beginn an bestimmt, ergibt sich Spannung aus den möglichen (gegensätzlichen) Antworten, die im Laufe der Handlung angedeutet und spezifiziert werden. Spannung geht zum einen aus handlungsübergreifenden Fragen hervor, die meist mit Ende des Films aufgelöst werden. Zum anderen ist sie in einzelnen Sequenzen präsent, in denen wiederum Teilfragen aufgeworfen und beantwortet werden (vgl. Carroll 1996, 96ff.). Dabei wird Spannung durch unterschiedlichste Faktoren bestimmt, die von den jeweiligen Wahrscheinlichkeitsmaßstäben der Diegese und den filmspezifischen Mitteln geprägt werden. Zu diesen Faktoren gehört das Informationsgefälle zwischen Zuschauer und Filmfiguren. In diesem Zusammenhang kommt in der

Forschungsliteratur immer wieder das Suspense-Modell des Regisseurs Alfred Hitchcock zur Sprache. Letzteres bezieht sich auf Szenen, in denen das Publikum einen signifikanten Informationsvorsprung gegenüber der Figur hat. Die Dramaturgie von Suspense-Situationen, wie Hitchcock sie mit dem „Die Bombe unter dem Tisch"-Beispiel beschreibt (vgl. Truffaut 1967, 52), wurde in zahlreichen filmwissenschaftlichen Publikationen umfassend diskutiert (vgl. Borringo 1980, Carroll 1996, Wulff 1993a, Vorderer/Wulff/Friedrichsen 1996, Goetsch 1997 etc.), wobei jedoch selten hinterfragt wurde, wie sich das Wissensgefälle zwischen Zuschauern und Figuren anderweitig gestalten lässt, d.h. auf welche informationellen Strategien und Modifikationen einzelne Spannungssituationen tatsächlich zurückgreifen. Nicht immer handelt es sich bei einer spannenden Szene um eine Variante des Hitchcock'schen Suspense-Konzeptes. Der Regisseur selbst spielte mit verschiedenen Ausprägungen von Spannung (vgl. Stiegler 2011, 336ff.). Die vorliegende Abschlussarbeit befasst sich deshalb mit konkreten Spannungsszenen aus dem Œuvre des Regisseurs, um diese Diskrepanzen herauszuarbeiten und ein differenziertes Analysemodell zu entwerfen. Ausgehend von der Informationsverteilung werden die Faktoren „Zeit" und „Raum" auf ihre Funktion in der jeweiligen Spannungssituation untersucht. Inwiefern tragen die raumzeitlichen Bedingungen und Wendungen einer Szene zu Aufbau und Steigerung von Spannung bei? Wie beeinflussen diese Größen die Wahrnehmungs- und Verstehensprozesse des Zuschauers? Wie werden Zeit- und Raumdynamiken kombiniert?

Trotz der ausschließlichen Betrachtung von Szenen aus Alfred Hitchcocks Filmen ist es nicht das Anliegen dieser Arbeit, eine spezifische „Handschrift" des Regisseurs in Spannungsszenen auszumachen. Der Forschungsstand ist diesbezüglich mehr als ausreichend. Die Untersuchung verschiedener Sequenzen aus dem Hitchcock'schen Repertoire soll allerdings die Argumentation dahingehend unterstützen, dass sich auch bei ein und demselben Filmemacher unterschiedlichste Dramaturgien der Spannung herausarbeiten lassen. Das vielbesprochene informationelle Konzept der „Suspense" ist keine Doktrin für Spannungsszenen. Hinsichtlich des Informationsgrades des Zuschauers gegenüber den Figuren entfalten sich bei Hitchcock ebenso viele Möglichkeiten wie hinsichtlich der Behandlung von Raum und Zeit im Film. Wie diese diegetischen Faktoren aufeinander einwirken und mittels filmischer Parameter fingiert und manipuliert werden, soll in der vorliegenden Arbeit anhand von ausgewählten Szenen aus folgenden Filmen erarbeitet werden: NORTH BY NORTHWEST (1959), NOTORIOUS (1946), REAR WINDOW (1954), SABO-

TAGE (1936), SABOTEUR (1942), STRANGERS ON A TRAIN (1951), THE BIRDS (1963) und THE MAN WHO KNEW TOO MUCH (1956). Um sich diesen vielschichtigen Spannungsszenen zu nähern und das entsprechende Analysewerkzeug festzulegen, werden zunächst die Darstellung von Zeit und Raum in filmischen Texten betrachtet. Daraufhin sollen die gängigen Definitionen und Variationen von Spannung überprüft werden, um eine Differenzierung von informationellen Strategien für die nachfolgende Analyse zu gewährleisten. Schließlich werden die genannten Filmbeispiele hinsichtlich ihrer Kombination von Informations-, Zeit- und Raumkonzepten analysiert und einander gegenübergestellt, um dem Schichtencharakter von Spannungsdramaturgien auf die Spur zu kommen.

## 2. Zeit und Raum im Film

Anhand des textuellen Angebots auf der Kino-Leinwand entwirft der Zuschauer ein mit Figuren bevölkertes räumlich-zeitliches Universum (vgl. Wulff 2007, 40ff.). Jeder Film verwendet bestimmte Textvermittlungsstrategien, auf die der Rezipient mit entsprechenden Textverarbeitungsstrategien reagiert. Die Diegese ist ein Produkt aus medialen und rezeptorischen Leistungen, das der Alltagswelt zwar nicht entspricht, jedoch auf den gleichen Wahrnehmungsgrößen aufbaut: Zeit und Raum bilden sowohl den grundlegenden Rahmen der fiktionalen Welt als Gesamtmodell als auch einflussreiche Faktoren in der Repräsentation einzelner Textabschnitte. Die kinematographische Zeit- und Raumdarstellung ist eines der „Elemente, in denen sich der kommunikative Verkehr manifestiert, in den der Film eingebunden ist" (Wulff 1999c, o.S.). Beide Faktoren hängen empirisch miteinander zusammen und voneinander ab. Während sie jedoch in der realweltlichen Wahrnehmung ein per definitionem lückenlos zusammenhängendes Gefüge bilden, unterliegt die Rezeption von Zeit und Raum im Film den erwähnten Textvermittlungs- und Textverarbeitungsstrategien.

### 2.1 Zeitrepräsentation im Film: Erzählzeit und erzählte Zeit

> Unlike real life situations, film involves the passage of both, 'real' time (i.e. clock time) and some fictitious *story* time (de Wied 1991, 13, Herv. i. O.).

Zeit spielt im Film gleich auf zweifache Weise eine Rolle: Die Rezeption eines Films bezieht sich zum einen auf die *Erzählzeit* und zum anderen auf die *erzählte Zeit*. Erstere bezeichnet die Zeitspanne, die der Film beansprucht, um erzählt zu werden, d.h. die Lauflänge in Echtzeit (*screen duration*, Bordwell 1985, 81). Die *erzählte Zeit* beschreibt die fiktionale Zeitspanne, die im Film repräsentiert wird, d.h. den zeitlichen Umfang der Handlung (vgl. Borringo 1980, 86). Dabei kann es sich um Stunden, Tage, Wochen, Monate oder gar Jahre handeln. Nochmals unterschieden wird zwischen *plot* und *story time*. Während *plot time* sich auf die im Film gezeigten Ereignisse bezieht, umfasst *story time* alle für die Geschichte relevanten Ereignisse, selbst jene, auf die im Film nur verwiesen wird (vgl. Bordwell 1985, 77ff.). *Plot time* bezeichnet demnach aus der gesamten *story time* ausgewählte, signifikante Zeitspanne(n):

> As we watch a film, we construct story time on the basis of what the plot presents. [...] In general, a film's plot selects certain stretches of story duration. This could involve concen-

trating on a short, relatively cohesive time span, [...] or by highlighting significant stretches of time from a period of many years [...] The sum of all these slices of story duration yields an overall plot duration (ebd., 81).

Die im Plot explizit präsentierten Teilstücke der Geschichte werden auf der Leinwand i.d.R. schneller dargeboten als sie sich in der Realität ereignen würden (in Anlehnung an de Wied 1991, 15). Filme verschaffen uns also nur einen „Eindruck von Zeit" (vgl. Borringo 1980, 83). Der Zuschauer ist im Allgemeinen in der Lage, durch die im *plot* präsentierten Ereignisse und Informationen die komplette *story duration* in etwa zu rekonstruieren. Für die vorliegende Arbeit sind lediglich die für den *plot* ausgewählten Zeitspannen relevant, da sich die Analyse auf einzelne Szenen oder Sequenzen bezieht. Der Ausdruck „*erzählte Zeit*" bezieht sich hier auf die Dauer dieser Plotsegmente, d.h. die jeweils vorliegende filmische Handlung.

Die Diskrepanz zwischen Erzählzeit und erzählter Zeit wird vom (erfahrenen) Zuschauer sowohl akzeptiert als auch in der Rezeption ständig mitgedacht. Hierzu argumentiert Noël Carroll, dass temporale Effekte wie Verzögerungen eher als kontingente Erscheinungen zu betrachten seien. Er begründet dies damit, dass das Empfinden einer Verzögerung im Film ein außerfilmisches Ereignis impliziert, das verzögert wird (vgl. Carroll 1996, 107). Da es ein solches Ereignis nicht gäbe, insofern sich die Ereignisse ausschließlich auf der Leinwand abspielen, unterstellt Carroll, dass im Film Verzögerungen und dergleichen nur zufällig, als Begleiterscheinungen der Spannungssituation, auftreten. Dabei übersieht er jedoch, dass Erzählzeit und erzählte Zeit niemals unabhängig voneinander wahrgenommen werden. Jeder Film gibt einen zeitlichen Handlungsrahmen vor, welcher vom Zuschauer mit der aufgewendeten Erzählzeit in Beziehung gesetzt wird. Um einen „Eindruck von Zeit" zu vermitteln, werden Erzählzeit und erzählte Zeit aneinander entwickelt. Die Ereignisse der Handlung werden durch den filmischen Diskurs angepasst und auf eine konventionelle Erzählzeit reduziert: „Just as plot duration selects from story duration, so screen duration selects from overall plot duration" (Bordwell 1985, 81). I.d.R. ist die Dauer des Films kürzer als der repräsentierte Plot, und der Plot ist kürzer als die Gesamtgeschichte der Erzählung (vgl. ebd.). Aus der erzählten Zeit werden Ereignisse für den Plot selektiert und für eine akzeptable Filmlänge entsprechend verkürzt oder beschleunigt. An bestimmten Stellen muss die Erzählzeit aber auch verlängert werden, um dem Zuschauer Zeit zu geben, die gegebenen Informationen zu verarbeiten (vgl. de Wied 1991, 16) oder um die emotionale Wirkung einer Szene zu verstärken. Das Verhältnis von Erzählzeit und erzählter Zeit ist demnach nicht konstant. I.d.R. wechselt ein Film zwischen zeit*deckendem* und zeit*raffendem* Erzählen (vgl. Kuhn 2011, 216f.), d.h. die für das Verständnis unersetzlichen Ereignisse werden mehr oder weniger in Echtzeit wiedergegeben, während weniger bedeutsame in kürzerer Zeit abgehandelt und gänzlich weggelassen werden. Wesentlich seltener kommen zeitdehnende Erzählverfahren zum Einsatz, weshalb den betreffenden Ereignissen in der Diegese meist besondere Signifikanz zukommt. Dem Publikum kann die differenzierte zeitliche Behandlung der filmischen Begebenheiten nicht verborgen bleiben. Das Bewusstsein um Verzögerungen kann ihm daher nicht abgesprochen werden. Konsequenterweise treten Zeit-Effekte im Film nicht zufällig auf. Im Gegenteil: Gerade weil bei der Filmrezeption Zeit in (mindestens) zweifacher Weise wahrgenommen wird, können temporale Effekte in der Erzählung gezielt eingesetzt werden.

**2.2 Raumkonstruktion im Film: Räume der Handlung und Handlungsräume**
Im Bezug auf das traditionelle *Système des Beaux-Arts* (vgl. Alain 1983) stellt Film eine synthetische Kunst dar (vgl. Canudo 1995, 7ff.): Er ist den Zeitkünsten (Arts du temps) gleichermaßen zuzuordnen wie den Raumkünsten (Arts de l'espace) – jedoch mit unterschiedlicher Evidenz. Das kinematographische Bild entfaltet sich grundsätzlich in der Zeit, da seine Rezeption von vorneherein einer bestimmten Dauer unterliegt. Hinzu kommt die doppelte Wahrnehmung von der Spieldauer des Films einerseits und der diegetischen Zeitspanne andererseits. Die Auffassung von Film als Raumkunst erscheint dagegen weniger offensichtlich, insofern das kinematographische Geschehen auf die Zweidimensionalität der Leinwand beschränkt bleibt. Dennoch konstruiert jeder Film die Räume seiner Handlung, welche auch als solche wahrgenommen werden. Zwar steht die Erfahrung des filmischen Raumes stets in Differenz zum realweltlichen Dispositiv ihrer Wahrnehmung, dies soll hier jedoch nicht weiter ausgeführt werden. Entscheidend für die Raumkonstruktion im Film ist, dass der Zuschauer aufgrund alltäglicher, stofflicher Erfahrungen von Raum und Räumlichkeit die diesbezüglichen Informationen des filmischen Textes zu verarbeiten weiß. Er führt während der Rezeption eines Filmes ein aus „realer" Wahrnehmung gewonnenes „Objektwissen" mit sich (Wulff 1999a, o.S.). Hinzu kommt – unter der Voraussetzung eines filmografischen Erfahrungsschatzes – das „Kamerawissen", wodurch der Rezipient die gegebenen Bildinformationen in einen dreidimensionalen Raum übersetzen (ebd.), im übertragenen Sinne also über das Medium der Kamera hinaus denken kann. Das empirische Raumwissen und der

Filmerfahrungsschatz befähigen den Zuschauer i.d.R. hinreichend, einen filmischen Raum für jede Szene zu entwerfen. Wie auch auf der Ebene der Zeit, ließe sich der filmische Raum in *screen space*, die tatsächlich gezeigten Ausschnitte einer Räumlichkeit oder eines Ortes, und *plot space*, die kognitive Zusammensetzung von sichtbarem *screen space* und impliziertem *off-screen space*, unterscheiden. Beide sind Teil des *story space*, die Totalität von Räumlichkeiten und Orten der Handlung, welche außerdem auch diejenigen Orte und Räume mit einschließt, die im Film lediglich erwähnt werden (vgl. Bordwell/Thompson 2008, 82). Dieses basale Schichtenmodell des filmischen Raumes lässt sich relativ simpel anhand von REAR WINDOW (1954) nachvollziehen: Der *plot space* umfasst den gesamten Innenhof von L.B. „Jeff" Jefferies' Nachbarschaft inklusive deren Apartments. Aus diesem klar definierten Raum der Handlung, den der Protagonist nie verlässt, selektiert der *screen space* einige wenige Ausschnitte und Perspektiven: Die Plansequenz zu Beginn des Films steckt zunächst das Territorium des Innenhofes und die Lage der einzelnen Apartments des Gebäudekomplexes ab. Im Anschluss werden immer wieder Einblicke in die Wohnungen der Nachbarn gezeigt – i.d.R. aus der Sicht der Hauptfigur. Die restriktiven Fensteransichten stehen stets im Bezug zu seiner räumlichen Position. Der Zuschauer kann ausgehend von der zu Beginn etablierten Lage von Jeffs Apartment das nachbarschaftliche Areal zusammenfügen und anhand der Fensterblicke die Wohnräume der Nachbarn entwerfen sowie weiterdenken. Hinzu kommt die Verortung des Hofes in New York: Hiermit wird der übergeordnete Ort der Handlung, *story space*, festgelegt. Auch wenn keine Räumlichkeiten jenseits der Grenzen des Innenhofes gezeigt werden, wird der Großraum New York im Film mitgedacht und impliziert, u.a. durch das häufige Kommen und Gehen von Jeffs Freundin sowie seiner Krankenpflegerin. Für die vorliegende Arbeit reicht dieses basale Modell jedoch nicht aus, da es nicht das geeignete Analysewerkzeug liefert. Für das Forschungsvorhaben sind vielmehr die filmspezifischen Komponenten von Bedeutung, die das Material zur Zusammensetzung des *plot space* liefern: „On the basis of visual and auditory cues, we act to construct a space of figures, objects, and fields – a space of greater or lesser depth, scope, coherence, and solidity" (Bordwell 1985, 113). Die Kategorie des *plot space* lässt sich demnach in formale „Teilräume" differenzieren, auf deren Grundlage der Zuschauer Schlussfolgerungen über den gegenwärtigen Raum der Handlung zieht (ebd. 100ff.).

Der Einstellungsraum, oder *shot space*, bezeichnet den im jeweiligen filmischen Einzelbild repräsentierten Raum. Jede Einstellung kann potenziell neue Informationen über den Raum geben, in dem sich die aktuelle Szene abspielt – je nachdem, wie das Bild komponiert, perspektiviert oder verändert wird. Zur Komposition zählen u.a. Merkmale wie die Anordnung von Objekten und Figuren, deren Textur und Schärfe, die Lichtsetzung sowie die Farbgebung. Die Position der Kamera nimmt eine bestimmte Perspektivierung des filmischen Raums vor: Die Nähe- oder Distanzrelationen zu den Figuren und Objekten, sowie Winkel und Höhe zur vorfilmischen Szenerie beeinflussen den Größen- und Tiefeneindruck des Raums (vgl. Bordwell 1985, 113f.). Bis hierher unterscheiden sich die raumstiftenden Faktoren nicht von jenen anderer Bildmedien. Als spezifisch filmische Komponente trägt Bewegung zur Raumkonstruktion durch die Cadrage bei – und das in zweifacher Weise:

> One of the cinema's most important cues for object identification and spatial relations is the fact that figures move in the frame. [...] Movement helps concretize the space, reinforcing object and depth hypotheses. [...] Another very powerful spatial cue is the ability of the camera itself to move. Panning and tilting [...] significantly modify the perceived layout of surfaces and the apparent distances among objects. Tracking and craning the camera in any direction can yield even more information about the field (Bordwell 1985, 114).

Sowohl Figuren- und Objektbewegung als auch die Dynamik der Kamera definieren und erweitern den jeweils sichtbaren Raum. Gleichzeitig spielen sie mit dem umliegenden, nicht sichtbaren Raum. Für die Darstellung und Rekonstruktion von Räumlichkeiten kann ebenso von Bedeutung sein, was im Frame nicht oder nicht mehr gezeigt wird. *Offscreen space* bezeichnet den jenseits der Grenzen einer Einstellung liegenden Raum und hat sechs Dimensionen: Zum einen die Zonen jenseits der vier Linien des Frames, zum anderen der Raum hinter der Kamera sowie jener „hinter dem Horizont" vor der Kamera (vgl. Bordwell 1985, 120). Was in einer Einstellung zunächst *offscreen* ist, muss es nicht bleiben. Je nach Kamerabewegung kann sich der Einstellungsraum über diese Grenzen hinwegsetzen, vormals sichtbaren Raum im Off zurücklassen und neue Informationen auf die Leinwand bringen. Dieses fluktuierende Verhältnis von *onscreen* und *offscreen space* (in Anlehnung an ebd., 120) wird jedoch nicht exklusiv von der Kamerabewegung, sondern auch durch die Montage bestimmt.

Der „montierte Raum" (Wulff 1999a, o.S.), oder *editing space*, beschreibt die Korrelationen zwischen den Einstellungsräumen. Die Einzelbilder werden durch die

Verstehens- und Entwurfstätigkeiten des Zuschauers zu einem hinreichend konsistenten Raum zusammengesetzt. Dabei spielen Objekt- und Kamerawissen eine gewichtige Rolle, insofern sie die Erwartungen und Wahrscheinlichkeiten bezüglich der Raumdarstellung und –verarbeitung stellen. „The perceiver constructs intershot space on the basis of anticipation and memory, favoring cause-effect schemata and creating a ‚cognitive map' of the pertinent terrain" (Bordwell 1985, 117). Diese Synthese von Ausschnitten, der sogenannte *master space*, wird durch die Anschlussfähigkeit der filmischen Bilder bedient (vgl. Wulff 2009, 150f.). Der Zuschauer ist grundsätzlich bemüht, aus einer Reihe von Bildern Logik und Sinnhaftigkeit zu erschließen. Für die Rekonstruktion von Raum bedeutet dies ein rezeptives Spiel aus Erwartung, Erinnerung und Wiederkennung (vgl. ebd., 101f.): Bei einer Einstellung B wird grundsätzlich versucht, eine Verbindung kausaler oder assoziativer Art mit dem *shot space* ihrer Vorgängerin A herzustellen – B führt somit die Erinnerung an A stets mit sich. Weiterhin gibt Einstellung B textuelle Hinweise auf ihre Nachfolgerin C – sie schürt eine mehr oder minder spezifische Erwartung auf kommende Rauminformationen. Außerdem wiederholt oder variiert B möglicherweise bereits bekannte Bildinhalte aus einer vorherigen Einstellung $B_0$ – der jeweilige Raumabschnitt wird wiedererkannt, die Vorstellung der räumlichen Szenerie wird so gefestigt. Am einfachsten lässt sich dies am Prinzip des *continuity editing* nachvollziehen, welches dem Aufbau einer kohärenten Raumvorstellung dient. Die Montage bedient diese schemata-geleitete Textverarbeitung durch eine zweckmäßige Anordnung der Bilder $B_0$ – A – B – C im Dienste der Erzählung. So wird der Wandel von *onscreen* zu *offscreen space* und andersherum als folgerichtig wahrgenommen, wenn er durch die vorhergehenden Einstellung(en) motiviert erscheint. In REAR WINDOW folgt eine Einstellung auf die Wohnungen der Nachbarn meist auf ein Bild, in dem der aus dem Fenster blickende Protagonist zu sehen ist. Der aufmerksame Blick einer Figur erzeugt die auf Konventionen beruhende Erwartung, dass in der nächsten Einstellung das angeblickte Objekt gezeigt wird. Derartige Annahmen über das nächste Bild und den *offscreen space* vermag auch der Ton zu generieren.

Der Tonraum, oder *sonic space*, formt Räumlichkeit durch die akustische Textur und Lautstärke von Stimmen, Geräuschen und Musik. Bezüglich des akustischen Vorder- und Hintergrunds ist auf Produktionsseite meist von „Atmosphäre" die Rede, wobei die Geräuschkulisse wichtige Informationen über die räumliche Umgebung geben und eine Sichtbarmachung von *offscreen space* motivieren kann. Ist in einer Einstellung das Zerspringen von Geschirr zu hören, wird in den folgenden Bildern i.d.R. der entstandene Schaden gezeigt und wer ihn verursacht hat. Die hier skizzierten Komponenten bilden das formale Analysewerkzeug für die folgenden Spannungsszenen. Aus der dynamischen Zusammensetzung der drei Informationsquellen *shot, editing* und *sonic space* ergibt sich ein imaginäres Raumkonstrukt:

> Die filmische Raumdarstellung wird gespeist aus unterschiedlichen perzeptuellen Quellen und fußt auf sehr verschiedenen semiotischen Beziehungen: Während der Einstellungsraum ein ikonisch repräsentierter Raum ist, fußt der montierte Raum auf einer konventionellen Choreographie von Kamerapositionen, die es für den Zuschauer möglich macht, unterschiedliche Ansichten des Geschehens in einer einheitlichen Raumvorstellung zu synthetisieren. Der Ton-Raum schließlich ist ein primär indexikalisch angezeigter Raum. Es sind also unterschiedliche semiotische Beziehungen, die in die Illusionierung des Raums der Handlung übersetzt, und ganz verschiedene Arten des Wissens, die zu diesem Zweck aktiviert werden müssen (Wulff 1999a, o.S.).

Da Einstellungs-, Montage- und Tonraum auf unterschiedliche Weise zur Vermittlung eines *plot space* beitragen, dabei einander ergänzen oder widersprechen können, gestaltet sich die Raum-(Re-)Konstruktion durch den Zuschauer als komplexer kognitiver Vorgang. Sie kann dabei niemals auf Vollständigkeit ausgelegt sein: „[…] any pictorial representation is inherently incomplete and potentially ambiguous" (Bordwell 1985, 101). Selbst die Synthese aus *shot, editing* und *sonic space* kann nicht auf die empirische Vorlage zurückgeführt werden. Die filmische Darbietung entspricht nicht der realweltlichen Wahrnehmung von Raum. Dennoch arbeitet der Zuschauer imaginativ an einem zumindest kohärenten und konsistenten, kurz: einem stimmigen Raumkonstrukt. Die Annahme eines vorfilmischen Raumes, auf den die Bilder zurückzuübersetzen sind (vgl. Wulff 1999a, o.S.), motiviert die Vorstellungskraft des Publikums. Die dafür gestellten Anhaltspunkte durch das filmische Material können diesen Prozess entweder erleichtern oder erschweren, in jedem Fall jedoch gezielt steuern und manipulieren. Hinzu kommt, analog zum Schichtenmodell der Diegese (vgl. Wulff 2007, 41ff.), die Ausbildung von sozialen Räumen, historiographischen Orten und moralischen Topoi aus dem semantischen Gehalt der Bild- und Toninformationen. Für die vorliegende Arbeit sind diese Schichten der Raumkonstruktion zwar nur eingeschränkt von Relevanz, sollten jedoch angesichts des komplexen Prozesses der Generierung eines Raums der Erzählung nicht unerwähnt bleiben. Von tragender Bedeutung für die situationalen Analysen im fünften Abschnitt ist hingegen der szenische Raum, der sich aus den o.g.

Komponenten zusammensetzt: Letzterer beschreibt einen „akuten Handlungsraum" (Wulff 1999a, o.S.), der sich aus dem sichtbaren Raum *onscreen* sowie dem „Raum-Horizont" des Bildes, dem Hintergrundbewusstsein eines *offscreen space*, zusammensetzt. Der szenische Raum bildet den Rahmen für die Handlungen von Figuren, er stellt das „Feld, in dem sich das Handeln und die Interaktionen abgebildeter Personen entfalten" (ebd., o.S.). Konventionellerweise geschieht dies durch einen *establishing shot* zu Beginn einer Szene, welcher den Handlungsort, dessen Beschaffenheit und Grenzen absteckt. Aus diesen Informationen ergibt sich wiederum ein gegenwärtiger Aktionsraum, der sich figuren- und situationsbezogen verändern kann. Dieser *Handlungsraum* ist nicht mit dem Ort der Handlung gleichzusetzen. Letzterer legt eine konkrete Lokalität fest und fußt auf der Annahme eines physisch vorhandenen, vorfilmischen Raums. Der Aktionsraum hingegen beschreibt ein situatives Konzept, das sich aus der Handlungsfunktionalität des szenischen Raums ergibt (vgl. Wulff 1999a, o.S.; Wulff 1999b, o.S.). Die Eigenschaften des Handlungs*ortes* werden situationsbedingt instrumentalisiert und interpretiert – ein Handlungs*raum* bildet sich durch die *tatsächlichen* und die *möglichen* Bewegungen und Taten einer Figur innerhalb der Lokalität heraus. Insofern ist der Handlungsraum eine abstrakte, plurale und variable Struktur, wohingegen der jeweilige Ort der Handlung einen konkreten, singulären und festen Umgebungsraum stellt. An einem Handlungsort können sich mehrere Handlungsräume entfalten, denn diese sind stets „gebunden an die subjektiven Handlungsentwürfe und Aktionen von Akteuren" (Wulff 1999b, o.S.). So bildet der Hinterhof einer Apartmentanlage in REAR WINDOW die feste Lokalität, innerhalb derer sich prinzipiell für jede Figur unterschiedliche Aktionsräume ausmachen ließen: Während Jeffs Handlungsraum durch dessen Gipsbein stark eingeschränkt ist, seine Bewegungen und Einflussmöglichkeiten auf das Geschehen also kaum über sein Apartment hinausgehen, ist seine Partnerin deutlich mobiler. Lisas Handlungsraum erweitert und bewegt sich im Zuge der privaten Ermittlungen zusehends: Mal spioniert sie am Eingang des gegenüberliegenden Gebäudes, später erforscht sie den Innenhof der Nachbarschaft und schließlich dringt sie in das Apartment des vermeintlichen Mörders ein. Je nach Situation verändert sich der Spielraum einer Figur, er kann sich verschieben, vergrößern oder verkleinern – immer bedingt durch die umgebenden räumlichen Bedingungen, die individuellen Ambitionen und die Handlungen anderer Akteure der Szene:

Handlungen fußen auf *intentionalen* und *interpretativen* Momenten. Raum als Ensemble von Objekten steht so unter einem selektiven Filter, tritt in die Funktion einer konzeptuellen Struktur. Unter der Vorgabe „Handlung" wird Raum *analysiert*, Objekte im Raum werden „bewertet", es entsteht ein Verhältnis von *zentral* und *peripher*, ein relevantielles Muster [...] Die Adaption an die räumlichen Gegebenheiten in der Durchführungsphase von Handlungen kann auf den Abgleich intentionaler Zielvorgabe, Analyse des Raums und Feststellung der kontingenten Bedingungen zurückgeführt werden (Wulff 1999b, o.S., Herv. i. O.).

Durch die prinzipielle Mobilität und Flexibilität sowie seine situative und kalkulative Struktur ist der Handlungsraum gerade in Spannungssituationen von großer Relevanz. Je nach Konzeption des Spielraums einer Figur entwirft der Zuschauer andere Handlungsmöglichkeiten und –ausgänge. Aus diesem Grund richtet sich die raumbezogene Analyse im fünften Kapitel dieser Arbeit nach der direktionalen und dynamischen Beschaffenheit des Handlungsraums in den ausgewählten Spannungsszenen. Insofern der Filmraum als „intentionales Feld" (Wulff 1999a, o.S) gefasst wird, das durch die jeweiligen Handlungsstrukturen entfaltet wird, bildet er einen maßgeblichen Bestandteil in der Konstruktion von Spannungssituationen. Bevor jedoch die intentionalen Strukturen von Zeit und Raum in den Beispielszenen aufgedeckt werden können, soll im Folgenden zunächst das Konzept der Spannung diskutiert werden.

## 3. Spannung im Film

### 3.1 Definitionen filmischer Spannung

Das Erleben von Spannung ist eine subjektive Reaktion auf das jeweilige filmische Angebot. Unter der Voraussetzung, dass sich der Zuschauer auf die textuellen Offerten einlässt, kommt es zu einem Gefühl von (An-)Spannung. Bei Spannung handelt es sich sowohl um ein dramaturgisches Konstrukt als auch um einen rezeptiven Effekt (vgl. Wulff 1993b, 97). Letzterer geht auf die Entwurfs- und Verstehenstätigkeiten des Rezipienten zurück, welche durch die im Film angewandten Techniken der Informationsführung gesteuert werden. Ohne die Informationsverarbeitung durch den Zuschauer ist ein Spannungserleben nicht möglich:

> Der Text erfüllt sich erst in der Rezeption. Die Aktivität des Zuschauers ist eine Komponente der Textstruktur, der Text lässt sich nicht ohne den dazutretenden Zuschauer beschreiben. Spannungskonstruktion wird darum gefaßt als eine Sequenz von Textinformationen, die eine dazugehörige Sequenz von Verarbeitungsoperationen des Zuschauers erforderlich macht und diese steuert (Wulff 1993b, 97f.).

Die Textinformationen werden vom Zuschauer nicht einfach nur aufgenommen und gespeichert. Auf ihrer Grundlage können Voraussagen über den weiteren Verlauf der Handlung getroffen werden. Geht man davon aus, dass ein Text in seinem Ausgang grundsätzlich offen ist, so sind die möglichen Handlungsverläufe zu Beginn noch relativ zahlreich. Erste Beschränkungen werden durch das Genre des Films, bestimmte Settings und Motive oder auch das Rollenimage eines Darstellers vorgegeben. Über das Ende des Films besteht i.d.R. noch vollständige Unsicherheit und Ungewissheit. Nun liefert ein Film mit jeder Szene neue Informationen, welche den Handlungsverlauf kontinuierlich einschränken. Durch sogenannte Formulierungsstrategien, d.h. filmische Darstellungstechniken, wird ein Problem oder eine Zielstellung konstruiert, welche den Zuschauer zu bestimmten Verarbeitungsoperationen motivieren (vgl. Wulff 1993a, o.S.). Die Simulation eines Problemlöseraums (ebd., o.S.) durch kontrollierte Informationsführung ermöglicht dem Publikum, seine Aufmerksamkeit auf wenige Handlungsausgänge zu fokussieren. Ist der Text soweit fortgeschritten, dass der Rezipient aufgrund der gesammelten Informationen nur noch zwei gegensätzliche Varianten für möglich hält (z.B.: der Held entkommt oder stirbt, vgl. Carroll 1996, 101), so stellt sich Spannung ein. Zu einem solchen Zeitpunkt besteht noch immer *Ungewissheit* über den Ausgang und der Zuschauer wird in Unsicherheit gewogen (vgl. Jenzowsky/Wulff 1996, o.S.). Allerdings ist diese Unsicherheit nicht absolut, sondern *fokussiert* – und zwar darauf, dass die Szene das eine oder das andere mutmaßliche Ende nimmt. Die Spannung besteht in der *Antizipation*, der gedanklichen Vorwegnahme des kommenden Geschehens und den damit verbundenen Erwartungen. Spannungskonstruktion bezeichnet die Manipulation eines offenen Textes durch vorverweisende Elemente, d.h. intentionale Informationen, die auf einen bestimmten Handlungsverlauf hindeuten (vgl. Wulff 1993b, 98). Spannung ist im textuellen Angebot bereits ein- oder vorgeschrieben, wenn sie schließlich in der Rezeption eingelöst wird. Die dramaturgische Prästrukturierung des Textes und die rezeptive Reaktion auf ebendiesen Text sind zwei Seiten derselben Medaille.

Die Aufmerksamkeit des Zuschauers ist im gespannten Zustand hochgradig konzentriert. Als „kalte kognitive Aktivität" (Tan 2011, 86) macht sie den rezeptiven Effekt von Spannung jedoch nicht allein aus, sondern beschreibt lediglich die Wahrnehmungsaktivität des Zuschauers gegenüber dem filmischen Text. Hinzu kommen zunächst die durch Interesse motivierten Verstehens- und Entwurfstätigkeiten. Interesse versteht Tan als Grundemotion der filmischen Rezeption, die durch situationale Bedeutungsstrukturen des Films gesteuert und im Spannungsfall durch die Anteilnahme am Geschehen deutlich gesteigert wird (vgl. ebd., 85ff.). Hierin besteht das wesentliche Unterscheidungsmerkmal von Spannung im Vergleich zu Neugier. Während bei Neugier lediglich das Grundinteresse, die Motivation zur Erarbeitung der Diegese, vorhanden ist, erfordert Spannung ein anderes kognitives Engagement vom Rezipienten, was durch eine spezifische Strukturierung des Textes erreicht wird:

> Offenbar sind nicht alle Situationen in der Lage, die Rolle des gespannten Beobachters hervorzurufen. Es ist eine Bewertung und Gewichtung des Geschehensverlaufs notwendig. Das, was am Ende herauskommt bzw. herauskommen könnte, bildet Anlaß und Bedingung von Beobachterrolle und Spannungserleben. Ohne den Vorschein des Endes würde der Gespannte nicht beginnen, seine antizipierende Aufmerksamkeit auf das Geschehen zu richten. Die Spannungswahrnehmung ist also in einen offenen Verlauf hinein gerichtet, und insofern ist sie abhängig von der konstruktiven, interpretierenden, hypothesenbildenden Tätigkeit des Gespannten (Wulff 2002, o.S.).

Spannungsszenen erwirken ein höheres Niveau an Interesse, da sie ein Versprechen oder eine Andeutung auf entscheidende Ereignisse mit sich führen (vgl. Tan 2011, 101). Es gilt, die Unbestimmtheit der Handlung einzugrenzen, um dem Zuschauer die Antizipation des Kommenden zu ermöglichen. Hierzu entwirft Peter Wuss drei filmische Strukturtypen, die Spannung konstruieren können:

1. Im Bezug auf den Film als Ganzes stellt sich zumeist ein szenenübergreifender Spannungs*bogen* ein, wenn eine konkrete Frage- oder Zielstellung aufgeworfen wird, welche die weitere Handlung dominiert und determiniert. Hierbei wird im Allgemeinen von der Makro-Spannung des Films gesprochen, die das Interesse des Zuschauers herausfordert. Je weiter das Geschehen auf der Leinwand voranschreitet, d.h. je mehr Informationen zur Beantwortung der Frage gegeben werden, desto sicherer wird der Zuschauer in der Antizipation des Kommenden. Wuss bezeichnet diesen Prozess als „schemageleitete Hypothesenbildung" (Wuss 1993, 109): Eine zu Beginn definierte Problemsituation wird im Laufe der Handlung ihrer Lösung nähergebracht (vgl. ebd.). Als dramaturgischer Dreh- und Angelpunkt des Filmgeschehens muss diese Problemsituation entsprechend verdeutlicht werden, sodass der Zuschauer sukzessive Handlungsalternativen erkennen kann. Diese Spannung ist objektivierbar, da sie Ziele und Teilziele der Handlung sowie die (Struktur-)Beziehungen innerhalb des Filmgeschehens klar definiert (ebd., 110). Der Zuschauer wird durch die *kontrollierte* Unbestimmtheit der Handlung aktiviert und mit zunehmendem Informationsstand befähigt, Lösungsvarianten zu entwerfen und zu bewerten. Eine solche *zielgerichtete und lösungsorientierte* Spannungsstruktur (vgl. Wuss 1993, 115) findet sich in den meisten Fiktionsfilmen wieder und ist eine der gängigsten Formen *filmübergreifender* Spannung, die diese Arbeit aber nicht weiter beschäftigen soll.

2. Wuss unterscheidet zudem zwei Formen von Mikro-Spannung, d.h. auf einzelne Szenen oder Sequenzen bezogene Antizipationen. Die schwächere Form bildet die latente Spannung: Hier etabliert die Handlung (noch) keine konkrete Problemsituation, für die der Rezipient Lösungen entwerfen kann. Die Szenen auf der Leinwand geben zunächst Rätsel auf, die ihn in einen Such- und Konstruktionsprozess versetzen. Er ist durch die *wenig eingeschränkte* Unbestimmtheit der Handlung gezwungen, ohne Informationsgrundlage den künftigen Handlungsverlauf zu antizipieren. Dabei sucht er nach Regelmäßigkeiten in der Handlung und „erlernt" selbstständig die Wahrscheinlichkeiten des kommenden Geschehens. *Latente, abduktive* Spannung ist selbstinduziert, da der kognitive Eigenanteil des Publikums hier besonders hoch ist (vgl. Wuss 1993, 108). Die Suche nach vorverweisenden Informationen erzeugt ein Gefühl von Unruhe und *An*spannung, da kein spezifischer Problemlöseraum erkennbar ist. An diese Definition knüpft auch das Konzept von *Tension* an, das eher einem „unguten Gefühl" oder einer „unspezifischen Vorahnung" entspricht (in Anlehnung an Stiegler 2011, 76, 143) und auf dessen Grundlage nur va-

ge Antizipationen möglich sind. Werden diese nicht bestätigt oder forciert, ist keine signifikante Spannungssteigerung zu erwarten. Spannungskonstrukte wie diese stehen häufig am Anfang eines Filmes, um den Prozess des Diegetisierens zu bereichern. Die Grenzen von Interesse zu Anspannung sind fließend, denn die Unsicherheit des Zuschauers wird lediglich durch dessen Rate-Aktivität und wenig aussagekräftige Informationen eingeschränkt. Das Versprechen auf ein signifikantes Ereignis wird nicht hinreichend formuliert.

3. Als eine weitere Form von Mikro-Spannung gilt die *normierte* Spannung (vgl. Wuss 1993, 111), welche im Fokus dieser Forschungsarbeit steht. Hierbei handelt es sich um Spannung im engeren Sinne, die auf spezifische Formulierungsstrategien der Erzählung zurückgeht. Die Narration verringert hier die Unbestimmtheit einzelner Situationen drastisch auf zwei essenziell unterschiedliche Handlungsausgänge. Informationen werden gezielt eingesetzt und platziert, um den Zuschauer sowohl kognitiv als auch emotional im höchst möglichen Maße zu beteiligen. Die Involviertheit in die Handlungssituation bestimmt maßgeblich die Intensität des Spannungserlebnisses. Obwohl eine grundlegende Distanz zum filmischen Geschehen besteht und der Zuschauer stets nur *Beobachter* und nicht wie die Protagonisten *Teilnehmer* der Handlung sein kann, ist es sehr wohl möglich, ihn in das Filmgeschehen zu involvieren. Die Aufgabe der Erzählung besteht darin, den Zuschauer von seinem Grundinteresse am Handlungsverlauf in einen Zustand gespannter Erwartung zu überführen, d.h. ihn zu einem *teilnehmenden Beobachter* zu machen. Normierte Spannung besteht demnach nicht allein aus den Entwurfstätigkeiten des Zuschauers, sondern auch aus den Gefühlsregungen, die sich durch die Verarbeitung der fokussierten Unsicherheit ergeben: Unbehagen, Angst, Entsetzen, Hoffnung, Mitgefühl usw. Die Situationsdefinition ist für das Hinzutreten emotionaler Reaktionen und damit auch für die Differenzierung von *latenter* und *normierter* Spannung ausschlaggebend. In einer *Tension*-Situation gibt der filmische Text entweder nur sehr wenig über eine mögliche Bedrohung preis oder kündigt lediglich ein Drama nicht existenzieller Art an. Ein solches Beispiel findet sich in Alfred Hitchcocks NORTH BY NORTHWEST: Nachdem der Protagonist Roger Thornhill einem Anschlag auf sein Leben entkommen ist, sucht er seine Geliebte Eve Kendall im Hotel auf. Mittlerweile weiß er, dass Eve eine Komplizin derjenigen Organisation ist, die ihm nach dem Leben trachtet, und ihn dem besagten Anschlag ausgesetzt hat. Als er ihr Hotelzimmer betritt, entfaltet sich eine unangenehme Unterhaltung. Durch Untertöne und Andeutungen wird deutlich, dass Thornhill einerseits das

Mordkomplott aufgedeckt hat und Eve andererseits um ihre Entlarvung weiß. Jedoch deuten weder seine noch ihre Handlungen eine Eskalation an, vielmehr steht hier das intellektuelle Katz-und-Maus-Spiel innerhalb der Konversation im Vordergrund. Die vorhergehende Maisfeld-Szene (siehe dazu Wulff 1994), welche im vierten Kapitel ausführlich analysiert wird, stellt dagegen eine *Spannungs*situation dar: Relativ explizite Vorverweise im Text informieren den Rezipienten über den geplanten Anschlag auf die Hauptfigur und schüren die Erwartung eines lebensbedrohlichen Ereignisses: „[...] an important outcome, often the result of a highly dangerous situation that is *decisive* for the [ultimate] fate of the protagonist, is announced in the narrative" (Tan 2011, 101, Herv. v. m.). Der von Wuss vorgeschlagene Ausdruck *normierte Spannung* bezieht sich demnach auf die Norm, mittels gezielter Platzierung von Informationen im Vorfeld der Katastrophe den Zuschauer in einen emotionalen Zustand banger Erwartung zu versetzen. Dieser bezieht sich dann auf eine Bedrohung *existenzieller* Art, d.h. ein Ereignis, welches das Leben der betroffenen Figur bedroht oder ihm zumindest eine negative Wendung zufügen könnte.

**3.2 Das Spiel mit dem Wissen des Zuschauers**
Zur kognitiven und emotionalen Beteiligung des Rezipienten bedarf es einer spezifischen Informationsvergabe und Wahrscheinlichkeitsverteilung bezüglich der antizipierten Ausgänge: „Derjenige, der sich spannen läßt, ist in ein pragmatisches Beziehungsgefüge eingebunden" (Wulff 1993a, o.S.). Das vom Zuschauer entwickelte „Wissen" über den Verlauf der Handlung besteht aus Sachinformationen, die funktional für die Handlung sind und die Unbestimmtheit der Zielsituation verringern (vgl. Wuss 1993, 114). Dieses Wissen der Beobachter der filmischen Handlung deckt sich oft nicht mit dem der Teilnehmer. Zwischen dem Zuschauer und den Filmfiguren besteht die Möglichkeit informationeller Differenzierung. „In Spannungsfilmen findet ein Spiel mit den Informationsdefiziten statt, das sich aus dem wechselnden Verhältnis von aktiver Beherrschung der Situation durch die Figuren und der Voraussagefähigkeit des Zuschauers ergibt" (ebd., 112). Dieses Verhältnis zwischen den Teilnehmern und den Beobachtern ergibt sich aus den handlungsrelevanten Informationen, welche der einen oder der anderen Partei oder gar beiden vorenthalten werden. Ein grobes, aber keineswegs hinreichendes Modell möglicher Informationsgefälle zwischen Zuschauer und Figur legt Edward Branigan vor: Ist das Publikum nicht in das Wissen der Figuren eingeweiht, sei dies eine *Surprise-*

Situation. Sind Zuschauer und Akteure auf demselben Informationsstand, würde man von *Mystery* sprechen. Bei einem Informationsvorsprung gegenüber den Figuren empfände der Zuschauer *Suspense* (vgl. Branigan, 2006, 75 sowie Bordwell/Thompson 1990). In diesem Zusammenhang wird häufig auf die Definition von Suspense nach Alfred Hitchcock verwiesen, die der Regisseur mit dem „Bombe unter dem Tisch"-Beispiel von einer Surprise-Situation unterscheidet und wonach Spannung durch einen Wissensvorsprung des Publikums erzeugt wird:

> We are now having a very innocent little chat. Let us suppose that there is a bomb underneath this table between us. Nothing happens, and then all of a sudden, "Boom!" There is an explosion. The public is surprised, but prior to this surprise, it has seen an absolutely ordinary scene, of no special consequence. Now, let us take a suspense situation. The bomb is underneath the table and the public knows it, probably because they have seen the anarchist place it there. The public is aware that the bomb is going to explode at one o'clock, and there is a clock in the decor. The public can see that it is a quarter to one. In these conditions this innocuous conversation becomes fascinating because the public is participating in the scene. The audience is longing to warn the characters on the screen: "You shouldn't be talking about such trivial matters. There's a bomb beneath you and it's about to explode!" In the first case we have given the public fifteen seconds of surprise at the moment of the explosion. In the second case we have provided them with fifteen minutes of suspense (Truffaut 1967, 52).

Im Suspense-Fall leistet der Zuschauer zweifache kognitive Arbeit:

> Das informationelle Verhältnis, das man *suspense* nennt, ist *reflexiv*: Zur Situationsbeschreibung, die dem Zuschauer zugänglich ist, gehört auch das Wissen, daß er mehr weiß als der Held. Wenn nun der Zuschauer weiß, daß die Situation tatsächlich eine andere ist als diejenige, die die Figur sich entwirft, muß die Situationsdefinition des Zuschauers eine *Simulation der Situationsdefinition der Filmfigur* umfassen. Der Zuschauer ist dazu gezwungen, die Oberfläche des Geschehens „mit doppeltem Blick" zu interpretieren [...] (Jenzowsky/Wulff 1996, o.S., Herv. i. O.).

Durch das doppelte Erleben der Situation in Suspense-Szenen wird der Zuschauer hochgradig emotional involviert. Die Auflösung der Spannungssituation ist dabei unerheblich. Die Resolution einer Gefahrensituation mag retrospektiv deren Interpretation oder erneute Rezeption beeinflussen. Sie revidiert jedoch keineswegs das textuelle Angebot an den Zuschauer, da sie als zeitlich nachgeordnetes Ereignis in der gegenwärtigen Spannungsszene i.d.R. noch ungewiss ist und somit zwar hypothetisch – als mögliche Lösung, jedoch nicht als faktisch gegebene – in den Wahrnehmungs- und Verstehenstätigkeiten des Zuschauers eine Rolle spielt. Das *situationale* Spannungserlebnis wird durch seine Auflösung weder zurückgenommen noch umgewandelt, sei diese nun konventionell oder überraschend. Jede Spannungsszene kann sich potenziell in einem mehr oder weniger gelungenen Überraschungsmoment entladen. Suspense und Surprise sind unterschiedliche Momente des „Bombe unter dem Tisch"-Szenarios. Während Suspense die Empfindung des Zuschauers *während* der Spannungssituation umfasst, beschreibt Surprise den Effekt, der aus einer unerwarteten Auflösung der Situation entsteht: Hitchcocks Beispiel unterscheidet eine Suspense-Situation und eine Nicht-Suspense-Situation, deren Auflösung in einer Surprise besteht. Auch die Suspense-Situation könnte in einer Überraschung enden (z.B. die Bombe ist ein Blindgänger) und dennoch bliebe sie eine Suspense-Situation. Die Betrachtung einer potenziell spannenden Textkonstellation darf daher nicht durch deren Resolution verstellt werden.

Das *Suspense*-Modell ist nur eine Möglichkeit normierter Spannung. Ungeachtet bleiben bei dem berühmten Bomben-Beispiel oder auch bei Branigans Unterscheidung jene Spannungssequenzen, in denen eben kein Informationsvorsprung zwischen Zuschauer und Protagonist vorliegt. Diese Szenen zeichnen sich durch den weitgehend homogenen Informationsstand beider Parteien über den Ausgang der Handlung aus, deren emotionale Dimension, das imaginäre „gemeinsame" Erleben der Gefahrensituation, ebenfalls nicht zu unterschätzen ist. Derartige Spannungssituationen finden sich nachweislich weitaus häufiger in Hitchcocks Filmen (vgl. Stiegler 2011, 336ff.). Branigans Begriff von *Mystery* greift als Kategorie für einen situationsbezogenen Wissensgleichstand zu kurz: Er differenziert nicht, ob es sich dabei um ein gemeinsames *Unwissen* oder *Wissen* handelt. Im ersten Fall ist die Bezeichnung *Mystery* durchaus zutreffend. Das Prinzip, Zuschauer und Figuren gleichermaßen im Dunkeln zu lassen, findet meist Anwendung in Filmen nach dem „whodunit"-Erzählschema. Bei einem informationellen Gleichstand kann es sich allerdings auch um ein geteiltes „handlungsbezogenes Mehrwissen" (Kuhn 2011, 125) handeln, das die Situationsdefinitionen von Figur und Zuschauer auf einen Konsens bringt. Spannungsdramaturgien fußen auf einer *situationalen* Informiertheit des *Zuschauers*, die aber stets hinter der des Erzählers zurückbleibt. Das Wissen des Rezipienten ist manipuliert und defizitär. Wenn auch die Unsicherheit bezüglich des Kommenden verringert wird, so hat der Erzähler allein die Gewissheit über den Ausgang der Handlung. Im üblichen Spannungsfall ist der Zuschauer im Ungewissen über den Fort- und Ausgang der *Gefahren-Situation*. Die informationelle Differenz im Bezug auf den Zielzustand ist eine ebenso notwendige Voraussetzung für das „Gespannt-sein" wie die Abhängigkeit des Zuschauers von den durch die Narration gegebenen Vorverweisen:

Zum Spannungserleben gehört wesentlich dazu, daß der Zuschauer vom Film erwarten darf, daß er über das Arsenal seiner Prognosemöglichkeiten hinausgeht und neue, zusätzliche Wendungen des informationellen Prozesses eintreten, die der Zuschauer so nicht absehen konnte. Es geht also nicht nur um den Abgleich der Wissensstände von Akteuren und Zuschauern, sondern auch um die Geltung einer metatextuellen Annahme, daß der Text (bzw. derjenige, der den Text "spricht") dem Zuschauer voraus ist (Wulff 1993a, o.S.).

Spannung baut auf einem *Teil*wissen auf (vgl. Stiegler 2011, 68), das den Zuschauer nur begrenzt über eine Situation aufklärt und emotional involviert. Ein Informationsvorsprung gegenüber der Figur *kann* die affektive Anteilnahme zusätzlich beeinflussen, ist jedoch keine existenzielle Bedingung für das Spannungserlebnis. Die Frage für die situationale Spannungsanalyse bleibt daher, *welche* Informationen dem Zuschauer vorliegen – und inwiefern sich diese von denen der handelnden Figuren unterscheiden. Zwischen unspezifischer Anspannung und *Suspense* liegen zahlreiche mögliche Informationsgrade, die ganz unterschiedliche Reizangebote entwerfen. Dass maximale Informiertheit des Zuschauers am effektivsten für die Spannungsdramaturgie sei (vgl. Wulff 1993a, o.S.), ist keineswegs in Stein gemeißelt. Zudem sind Wissensvorsprung und –gleichstand selten beständige Konzepte, wie bspw. die Schlusssequenz von NORTH BY NORTHWEST zeigt, in der Roger Thornhill die Vorgänge im Haus des Antagonisten Vandamm beobachtet: Der Zuschauer ist zunächst auf demselben Informationsstand wie der Hauptcharakter; u.a. erfährt er gleichzeitig mit Thornhill, dass Eve Kendall als Agentin auffliegt und ihr daraufhin der Tod droht. Die Ausnahme in dieser Sequenz bilden 20 Sekunden, in denen nur der Zuschauer weiß, dass Thornhills Anwesenheit im Haus bemerkt wurde. Hier hat das Publikum für kurze Zeit einen Wissensvorsprung gegenüber Thornhill, der wieder ausgeglichen wird, als derselbe eine Pistole auf sich gerichtet sieht.

Spannungssituationen werden außerdem durch den *Grad der Unsicherheit*, d.h. die im Text etablierte Wahrscheinlichkeit des antizipierten negativen Ausgangs (vgl. de Wied 1995, 111), bestimmt. Die in vorherigen Szenen gegebenen Informationen sind dabei gleichermaßen von Bedeutung für die kognitive und emotionale Gewichtung der möglichen Ausgänge wie jene, die während der Gefahrensituation noch hinzukommen. Entsprechende Hinweise müssen im Filmtext ebenso deutlich platziert werden wie die Vorverweise auf die Notlage. Die Vorwegnahme einer letalen Katastrophe für die Figuren ist wohl das gängigste Mittel zur Spannungserzeugung. Die Antizipation des Todes kann zum einen durch das „Prinzip der abwechselnden Chancen" (Borringo 1980, 57) zu einem intensiven Spannungserlebnis verdichtet werden. Wird der Zuschauer angehalten, immer wieder zwischen den antizipierten Ausgängen abzuwägen, schwankt sein Gemütszustand gleichermaßen zwischen Angst und Hoffnung. Zum anderen kann die Spannung ebenfalls gesteigert werden, indem ein negativer Ausgang als sehr wahrscheinlich etabliert wird, wohingegen eine positive Auflösung als höchst unwahrscheinlich erscheint. Nach Carroll (1996, 100) und de Wied (1991, 11) wird durch die minimale Chance auf ein positives Ende und eine unvermeidlich erscheinende Katastrophe der höchste Spannungsgrad erreicht. Absolute Sicherheit über den negativen oder positiven Ausgang hingegen minimiere die Spannung. Absolute Unsicherheit bestehe, wenn die konträren Ausgänge gleichermaßen wahrscheinlich erscheinen (vgl. de Wied 1991, 11). Diese Thesen sollen im Zuge der Analyse durch verschiedenste Beispielszenen überprüft werden.

In jedem Spannungskonstrukt befinden sich die kognitiven und emotionalen Rezeptionsleistungen in einem äußerst effektiven Widerstreit: Die moralische „Erwünschtheit" des positiven Ausgangs steht der hohen Wahrscheinlichkeit der Katastrophe gegenüber (vgl. Carroll 1996, 101). Im gespannten Zustand arbeiten die kognitive Wahrscheinlichkeitsbewertung und die emotionale Wertung der möglichen Ausgänge simultan an der Bewältigung der Unsicherheitssituation. Mit der Erwartung existenzieller Schäden gehen sowohl Vermutungen einher, wie diese verhindert werden können, als auch die Erwartung, dass der Protagonist ihnen tatsächlich entgehen möge (in Anlehnung an Tan 2011, 92). Dieser durch Genre-Konventionen und schematageleitete Rezeptionserfahrungen geprägten Hoffnung wird i.d.R. stattgegeben[1], dennoch bleibt das Spannungserlebnis ein grundsätzlich zweischneidiges Schwert:

> Die Erwartungshaltung des Zuschauers ist in der Spannungserzählung janusgesichtig: Er erhofft ja nicht nur die sich einstellende Entspannung, sondern vor allem auch den Schrecken. Beide Erwartungshaltungen sind anwesend und wirksam, und der Rezipient ist auch zwischen diesen beiden "gespannt" [...] Die ambivalente Orientierung des Erwartungsaf-

---

[1] Als Ausnahme einer konventionellen Erfüllung der Erwartung, ein sympathischer Charakter werde vor der höchst wahrscheinlichen Katastrophe bewahrt, sei an dieser Stelle bereits auf die Bus-Szene aus Hitchcocks SABOTAGE (UK 1936) verwiesen. Hier findet die existenzielle Gefahrensituation, in welcher ein Kind mit einer Bombe im Gepäck in den Bus steigt, tatsächlich den gleichzeitig erwarteten, weil sehr wahrscheinlichen, und dennoch unerwarteten, weil (sozial) unerwünschten, Ausgang: Die Bombe explodiert und tötet den Jungen.

fektes – die Spannung zwischen Angst und Hoffnung – zwingt den Zuschauer natürlich dazu, auch immer den Schrecken vorauszukalkulieren [...] (Wulff 1993a, o.S.).

Diese Zusammenstellung fokussierter Unsicherheit entfaltet durch die im Film platzierten Vorverweise ihre Wirkung. Diese Informationen können, wie die nachfolgenden Analysen zeigen werden, unterschiedlicher Ausprägung sein. Ein Hinweis darauf, dass Gefahr droht, steht selten allein und wird meist um spezifische Informationen im Vorfeld oder im Laufe der betreffenden Szene ergänzt, welche die Unsicherheit des Rezipienten zusätzlich fokussieren und zur Intensität von Spannung beitragen. Informationen über das *Wie, Wann* oder *Wo* der angekündigten Katastrophe individualisieren das situationale Spannungsangebot. Als sehr effektiv erweisen sich auch zeitgebundene Antizipationen. Im Folgenden befasst sich die Forschungsarbeit zunächst mit den Schichten des *Was, Wann* und *Wie lange* in ausgewählten Spannungssituationen.

## 4. Zeitstrategien in Spannungssituationen

Im dritten Kapitel wurde diskutiert, dass sich eine als spannend empfundene Diskursstruktur dadurch auszeichnet, dass im Text fortlaufend Informationen gegeben werden, die auf bestimmte Handlungsalternativen hinweisen. Mit der informationellen Führung des Rezipienten hängen zahlreiche diegetische und formale Faktoren zusammen, welche die Intensität des Spannungserlebnisses beeinflussen. Diese Arbeit beschäftigt sich mit der Schichtung zeitlicher und räumlicher Faktoren im Spannungsfall, der *Dauer der Antizipation* (vgl. de Wied 1995, 111) sowie den *Koordinaten räumlicher Eindrücke* (vgl. Türschmann 2002, 102). Beide tragen zur Ausprägung des *Unsicherheitsgrad* im Angesicht einer existenziellen Bedrohung bei. Andere Spannungsträger wie bspw. die Auswahl der gefährdeten Charaktere werden dabei ausgeklammert. Im Folgenden werden die ausgewählten Sequenzen zuerst auf die jeweilige Zeitdramaturgie sowie das Informationsgefälle zwischen Zuschauer und Figur untersucht. Im Anschluss kehrt die Analyse noch einmal zu denselben Szenen zurück, um deren räumliche Auflösung zu untersuchen. Je nach Ausprägung und Signifikanz der Schichten Information, Zeit und Raum werden einige Szenen ausführlicher betrachtet werden als andere. Dabei sollen sowohl Diskrepanzen und Varianzen als auch Gemeinsamkeiten zwischen den einzelnen Spannungsdramaturgien festgestellt werden. Desweiteren liegt das Forschungsinteresse auf den Interdependenzen und Kombinationsmöglichkeiten der genannten Faktoren.

Um höchstmögliche dramatische Effektivität zu erzielen, muss die Progressivität der erzählten Zeit innerhalb der Erzählzeit sichergestellt werden (in Anlehnung an de Wied 1995, 107). Die Redeweise von zeitdeckendem, -raffendem oder -dehnendem Erzählen bezieht sich auf die Dauer von Ereignissen, Szenen oder Sequenzen: „[...] duration is strictly governed by the conditions of normal viewing [...] we cannot control how long the narration takes to unfold" (Bordwell 1985, 80). Die diskursive Strukturierung des Films durch Selektion, Verkürzung und Verlängerung oder Beschleunigung bzw. Verlangsamung einzelner Szenen verdichtet die Handlung. Die zeitliche Wahrnehmung wird durch dramaturgische oder stilistische Maßnahmen beeinflusst. Die Vorverweise bezüglich des kommenden Geschehens sind ebenfalls durch das Verhältnis von Erzählzeit zu erzählter Zeit eingeschränkt. Einerseits sind die Verweise vom Zeitpunkt abhängig, zu dem sie gegeben werden, aber auch vom Zeitpunkt, zu dem sie handlungsrelevant werden. Sie können nicht an beliebiger Stelle platziert, sondern müssen mit Rücksicht auf die Antizipationsdauer und ihre spätere Relevanz strategisch eingesetzt werden. Andererseits können diese Informationen signifikante Hinweise auf die erzählte Zeit enthalten und damit die zeitliche Wahrnehmung des Zuschauers konditionieren. Die *Dauer der Antizipation* einer Katastrophe hat ebenfalls erheblichen Einfluss auf das Spannungserlebnis, verursacht sie doch beim Zuschauer i.d.R. mehr psychischen Stress oder emotionale Anteilnahme als der tatsächliche Schadenseintritt (vgl. de Wied 1991, 12). Daher gilt es, die Antizipation des kommenden Unglücks erzählzeitlich zu manipulieren. Hier kommen die handlungsrelevanten Informationen ins Spiel, welche in Spannungssituationen die drei Zeitebenen Vergangenheit, Gegenwart und Zukunft zusammenbringen (vgl. Borringo 1980, 87): Die Hinweise wurden in vorherigen Szenen platziert (Vergangenheit). Sie entfalten in der aktuellen Szene ihre Bedeutung (Gegenwart), da sie auf eine Katastrophe zum Ende dieses Filmabschnittes hinweisen (Zukunft). Dabei schüren sie Erwartungen im Bezug auf den Zeitpunkt des Schadenseintritts in der *erzählten Zeit*. Da diese in Relation zur *Erzählzeit* steht, ist es dem Filmemacher möglich, die zeitliche Wahrnehmung des Publikums in einer Spannungssituation zu beeinflussen:

> Assuming that viewers use the events' preceding context to generate temporal expectancies, the *timing of events* might affect such expectancies, and therefore also, the experience of suspense. [...] one could argue that the process of timing, as handled by the film maker, involves the manipulation of the following two factors: *temporal predictability* and *temporal contrast* (de Wied 1995, 112, Herv. i. O.).

Aus den Vorverweisen ergeben sich gewisse Erwartungen über die diegetische Zeit, die durch die Erzählzeit erfüllt oder enttäuscht werden können. Die Diskrepanz zwischen der angenommenen Zeitspanne bis zum Schadenseintritt in der *erzählten Zeit* und der tatsächlichen Antizipationsdauer in *Erzählzeit* eröffnet ein variationsreiches Feld. In Spannungsszenen kann sich das Verhältnis der Erzählzeit zur erzählten Zeit deutlich ändern. Laut Borringo (1980, 86) fallen Erzählzeit und erzählte Zeit in Spannungssituationen zusammen, die betreffenden Filmereignisse würden demnach zeitdeckend erzählt. Dies muss jedoch nicht immer der Fall sein, denn die Erzählzeit kann die erzählte Zeit in unterschiedlichem Maße unter- oder überschreiten. De Wieds These lautet, dass der Spannungsgrad mit der Verlängerung der Antizipationsdauer stetig steigt (vgl. de Wie 1991, 15ff.). Bei dieser Strategie wird der vermutete Zeitpunkt der Auflösung *verzögert*, woraufhin das Spannungserlebnis verlängert und gesteigert wird. Das bedeutet nicht, dass die Erfüllung zeitlicher Erwartungen die Spannung automatisch verringert. Auch eine Verkürzung der Erzählzeit kann das Spannungserleben intensivieren, insofern die filmischen Ereignisse akzeleriert werden und auf einen bestimmten Zeitpunkt in der Diegese hinauslaufen. Bei dieser Strategie wird eine *Deadline* innerhalb der erzählten Zeit gesetzt. Mit dem Näherrücken des Zeitpunkts der Katastrophe ergibt sich ein Eindruck von Zeitnot, welcher durch die Verknappung der verbleibenden Zeit oder die Steigerung des Erzähltempos verstärkt werden kann. Meist durchläuft eine solche Spannungssequenz zwei Phasen: Erstens die „Vorlaufzeit" (Lahde 2012, 252), in welcher die Deadline angekündigt und Angaben zur noch verbleibenden, diegetischen Zeit gemacht werden. Zweitens schließt sich die „heiße Phase" (ebd.) an, im Actiongenre häufig untergliedert in einen „Hindernislauf" (ebd.) und den aktiven Problemlöseprozess, z.B. der Sprint zur Bombe und die Entschärfung derselben. Auch dieses Grundmodell lässt, wie die Analysen unter 4.2 zeigen werden, Abwandlungen, Variationen und auch Widersprüche zu.

Beide Konzepte, Verzögerung oder Deadline, können potenziell den Spannungsgrad erhöhen. Es lässt sich nicht pauschal sagen, ob eine künstliche Zeit*dehnung* die Spannung stärker steigert als eine Zeit*verknappung*. In der folgenden Analyse werden die Beispielszenen aus dem Hitchcock'schen Repertoire auf den Grad ihrer zeitlichen Determinierung und den Informationsgrad des Publikums untersucht. Auch die formalen Mittel werden zur Sprache kommen, da diese die Repräsentation von Zeit maßgeblich beeinflussen und individualisieren: „Since screen duration is ingredient to the very medium of cinema, all film techniques – mise-en-scène, cinematography, editing, and sound – contribute to its creation" (Bordwell 1985, 81).

### 4.1 Aufgeschoben ist nicht aufgehoben – Verzögerungen bei Hitchcock
Zeit wird immer dann als gedehnt empfunden, wenn ein implizit oder explizit angekündigtes Ereignis nicht zum erwarteten Zeitpunkt eintritt. Dieser antizipierte Zeitpunkt kann sich auf die Erzählzeit und/oder die erzählte Zeit beziehen. Ob die Verzögerung des in Aussicht gestellten Ereignisses von den betroffenen Figuren der Diegese wahrgenommen wird, ist dabei zunächst zweitrangig. Als textuelles Angebot geht die Verzögerungsstrategie einer Spannungsszene im Verständnis des Zuschauers, nicht dem der Figur, auf. Inwiefern der Wissensstand der gefährdeten Figur dieses Angebot dennoch beeinflusst, auf welche Weise also Information und Zeit Spannungskonstrukte auf- und umbauen, ist Gegenstand dieses Kapitels.

## 4.1.1 Im Diskurs vorenthalten

Verzögerungen in einer Spannungssituation können auf vielfältige Weise filmisch umgesetzt werden. Eine Verzögerung kann z.b. rein *formal*, auf der „technischen Ebene des Textes" (Borringo 1980, 43) entstehen. In diesem Fall wird die *Erzählzeit* vermeintlich gestreckt: Ereignisse werden später gezeigt, als es der Zuschauer erwartet. Der filmische Diskurs informiert den Zuschauer später als angenommen über den Fortgang der Handlung. Wie eine solche *diskursive* Verzögerung aussehen kann, illustriert folgende Szene aus THE BIRDS: Die Protagonistin Melanie Daniels setzt sich auf eine Bank vor der Bodega-Bay-Schule und raucht. Hinter ihr befindet sich ein Klettergerüst, auf dem sich nach und nach immer mehr Krähen niederlassen. Melanie bemerkt dies zunächst nicht. Erst als sie den Flug einer einzelnen Krähe bis zum Klettergerüst verfolgt, sieht sie die inzwischen unzähligen Vögel. Die Spannungssituation ist klassische Suspense: Buchstäblich hinter dem Rücken der ahnungslosen Protagonistin versammelt sich die wachsende Vogelschar. Dass diese eine hohe Gefahr darstellt, weiß der Zuschauer aufgrund vorheriger Szenen: Bei ihrer Ankunft in Bodega Bay wurde Melanie von einer Möwe am Kopf verletzt, auf einer Geburtstagsfeier wurden die Gäste von Möwen angegriffen, eine Unmenge Spatzen drang durch den Kamin in das Wohnzimmer der Brenners ein, und ein Nachbar wurde bereits durch Vögel getötet. Aus diesen Ereignissen hat der Zuschauer *gelernt*, dass das Auftreten von Vögeln als Gefahr zu deuten ist. In der Szene liegt demnach eine *konkrete*, durch Vorinformationen wohl definierte Gefahr vor. Der Zuschauer weiß nicht nur, dass Gefahr droht, sondern auch welcher Gestalt diese ist. Hieran lässt sich die Diskrepanz von Was- und Wie-Spannung nachvollziehen. Laut Pütz bezieht sich die Was-Spannung auf einen noch offenen Handlungsausgang in einer Unsicherheitssituation, wohingegen bei einer Wie-Spannung der Ausgang bereits feststehe und nur noch von Interesse sei, wie es dazu kam (vgl. Stiegler 2011, 65). Für das Forschungsvorhaben dieser Arbeit ist eine solche Differenzierung des Informationsstandes bezüglich des Ausgangs weniger dienlich. Was- und Wie-Spannung sollen hier durch den Informationsgrad bezüglich der Gefahr wie folgt definiert sein: Wird durch die Vorverweise im Text lediglich klar, *dass* den Figuren Unheil droht, soll von Was-Spannung die Rede sein. Dies ist zugleich die existenzielle Bedingung für den Spannungsaufbau. Für den Ausbau zur Wie-Spannung müssen Hinweise über die Art und Weise der Bedrohung vorliegen. Der Informationsstand des Zuschauers kann hierbei stark variieren. Das Beispiel aus THE BIRDS gibt sehr detaillierte Informationen über die drohende Katastrophe preis: Je mehr Krähen sich auf dem Gerüst niederlassen, desto wahrscheinlicher erscheint ein möglicher Angriff. Die Aufrechterhaltung der Spannung geschieht durch die abwechselnden Einstellungen der rauchenden Protagonistin und des Klettergerüsts, auf dem jedes Mal ein paar Krähen mehr sitzen – zunächst eine, dann vier, fünf und acht (siehe Anhang Nr. 1). Das Einfügen eines zweiten Ereignisses als Aufschub des Fortgangs des ersten Ereignisses ist eine von Bordwell beschriebene Strategie der Verlängerung der *story duration* (vgl. Bordwell 1985, 83). Hier dient sie im Wesentlichen zur Etablierung eines Spannungskonstrukts: Das Ereignis „Vögel sammeln sich auf dem Gerüst" wird in seiner Sukzession von dem Ereignis „Melanie raucht" unterbrochen. Die wachsende Gefahr wird durch diese visuelle Abschweifung erst antizipierbar und hat u.U. einen größeren emotionalen Effekt. Das prinzipiell unerhebliche Ereignis „Melanie raucht" erhält seine Signifikanz dadurch, dass es neue Informationen über das wichtige Ereignis aufschiebt und die unterschiedlichen Situationsdefinitionen von Zuschauer und Protagonistin vor Augen führt.

Mit Einstellung 8 setzt schließlich eine weitere Verzögerung ein: Das Bild zeigt 27 Sekunden lang nur Melanie. Eine signifikante Zeit*dehnung*, da der Zuschauer den Schnitt bereits nach wenigen Sekunden erwartet, die Kamera aber fast eine halbe Minute lang auf der Protagonistin verweilt. Aufgrund der Einstellungen 1-7 kann das Publikum annehmen, dass eine weitere Einstellung auf das Klettergerüst mit einer nochmals erhöhten Vogelzahl folgt. Stattdessen verfolgt es den Flug der einzelnen Krähe und muss feststellen, dass die Anzahl der Krähen rasant angewachsen ist. Die zeitlichen Erwartungen des Publikums wurden in den vorhergehenden Einstellungen soweit konditioniert, dass die verlängerte Einstellung 8 die Spannung nach de Wied erhöht. Die Sukzession der Ereignisse wird noch einmal deutlich verlangsamt:

> In film, temporal succession [...] depends partially upon the pace inherent in the action involved, and partially upon the way the action is staged, recorded and combined [...] manipulation of the temporal succession [...] can be accomplished by varying the screen duration of events [...] The screen duration can be reduced or enhanced by the omission or insertion of actions or minor pieces of action (de Wied 1995, 116).

Im vorliegenden Beispiel aus THE BIRDS werden die Ereignisse in der *erzählten Zeit* nicht gedehnt – für den Eindruck zeitlicher Kontinuität sorgt hier der Gesang der Schulkinder: Der diegetische Ton stabilisiert den Echtzeiteindruck (in Anlehnung an Chion 1990, 16), das ununterbrochene Lied „Risseldy Rosseldy" garantiert eine „consistent world offscreen" (Bordwell 1985, 120). Erzählte Zeit und Erzählzeit sind damit deckungsgleich, *plot* und *screen duration* äquivalent. Was normalerweise nicht weiter auffällt und in den meisten Szenen für selbstverständlich genommen wird (vgl. Bordwell 1985, 82), gerät hier zu einem wirkungsvollen Mittel der Spannungssteigerung. Inhaltlich bleibt die Sukzession der Ereignisse konstant: Melanie raucht in demselben Tempo weiter, der Gesang im Hintergrund setzt sich ohne Brüche fort. Die Verzögerung liegt ausschließlich in der *Erzählzeit* vor. Zwar wird kein Zuschauer die Einstellungslängen genau messen, doch die Länge von Einstellung 8 bleibt nicht unbemerkt: Die vorangegangenen Einstellungen 4 und 6 zeigten die rauchende Protagonistin sieben bzw. elf Sekunden lang, bevor neue Informationen über die Anzahl der Krähen gegeben wurden. Nun aber werden dem Publikum die erwarteten Informationen vorenthalten – durch die 27-sekündige Einstellung der rauchenden Melanie und den darauffolgenden Flug der Krähe. Die Einstellungen 8 bis 11 zusammengenommen, dauert es ca. 40 Sekunden, bis der Zuschauer wieder über den aktuellen Stand der Gefahrensituation informiert wird. Die Sukzession der Ereignisse in der *erzählten Zeit* hat stattgefunden, wie das mit Krähen voll besetzte Klettergerüst beweist, in *Erzählzeit* hingegen wurde die Informationsvergabe bezüglich der Gefahr nach Einstellung 7 (= acht Vögel) unterbrochen. Stattdessen wurde das eingeschobene Ereignis „Melanie raucht" länger als bisher gezeigt. Die Verzögerung des antizipierten Ausgangs einer Spannungssituation durch Verlängerung geringfügiger Ereignisse wurde von de Wied (1995, 119) wie folgt schematisiert:

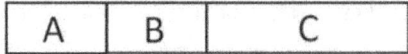

Abb. 1: Schema einer Verzögerung nach de Wied 1995 (eigene Darstellung).

Ereignisse A und B folgen mit ungefähr gleicher Länge aufeinander, Ereignis C hingegen wird zeitlich gestreckt oder wesentlich länger gezeigt als Ereignisse A und B. Dieses Schema lässt sich ohne Weiteres auf Einstellungslängen übertragen. Demzufolge sähe eine grafische Darstellung der Szene aus THE BIRDS vereinfacht so aus:

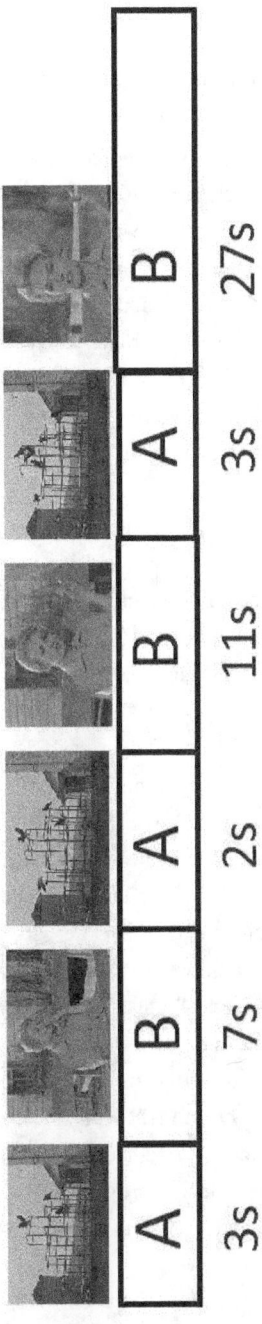

| A | B | A | B | A | B |
|---|---|---|---|---|---|
| 3s | 7s | 2s | 11s | 3s | 27s |

Abb. 2: Diskursive Verzögerung bei THE BIRDS. Ereignis B weicht in der letzten Einstellung wesentlich von den vorhergehenden ab und bricht mit der regelmäßigen Informationsvergabe (eigene Darstellung).

Die Progression des Ereignisses A „Krähen versammeln sich auf dem Klettergerüst" durch die Einstellungen (vier, fünf, acht Vögel) wird immer wieder von dem weniger wichtigen Ereignis B „Melanie wartet auf der Bank" unterbrochen, das in Einstellungslängen zwar variiert, zunächst aber nicht wesentlich verzögert wird. Mit der 27-sekündigen Einstellung wird dem Zuschauer unweigerlich gewahr, dass die *erwartete* Information zu den Krähen hinausgezögert wird. An den bisherigen Erzählrhythmus gewöhnt, ist diese Dehnung der *Erzählzeit* aus folgenden Gründen eine potenziell spannungssteigernde Erfahrung für das Publikum:

1. Die Wahrscheinlichkeit, dass sich die Zahl der Krähen vervielfacht, steigert sich aufgrund der Informationen aus den Einstellungen von Ereignis A mit quasi jeder zusätzlichen Sekunde der verlängerten Einstellung des Ereignisses B.

2. Der Informationsvorsprung gegenüber Protagonistin Melanie, das Wissen um die Vögel auf dem Klettergerüst, lässt uns die Situation mit dem „doppelten Blick" (Jenzowsky/Wulff 1996, o.S.) betrachten: Als Melanie den Flug des Vogels verfolgt, weiß sie noch nicht, dass sich bereits einige Krähen auf dem Klettergerüst versammelt haben. Die Krähe ist für sie der erste Hinweis auf die Gefahr. Die Entdeckung der unzähligen Krähen stellt deshalb einen Schock für die Figur dar, denn sie hatte bisher keine Informationen über die Bedrohung. Der Zuschauer hingegen wurde über die Vogelschar soweit informiert, dass er ihre Vergrößerung antizipieren kann. Die Unsicherheit besteht nun darin, *wie viele* Vögel nach der Verzögerung zu erwarten sind, denn die vorherigen Einstellungen mit einer, vier, fünf und acht Krähen ließen kein eindeutiges Muster erkennen. Die Szene baut auf einer „Detail-Spannung" (Stiegler 2011, 67) auf, die sich auf die quantitative Entwicklung der Gefahr bezieht. Deshalb kann die Enthüllung der tatsächlichen Situation womöglich auch beim informierten Zuschauer einen Schockeffekt erwirken.

Das Publikum wird in dieser Szene optimal konditioniert: Die Vorinformationen aus früheren Szenen und die dadurch etablierte hohe Wahrscheinlichkeit eines erneuten Vogel-Angriffs, die regelmäßigen Hinweise auf die wachsende Bedrohung sowie deren Durchbrechung mit Einstellung 8 und die daraus resultierende Enttäuschung der zeitlichen Erwartung (vgl. de Wied 1995, 112ff.) sind ausschlaggebend für den Spannungsgehalt. Die *diskursive* Verzögerung wird hauptsächlich durch die Mittel der Montage hervorgerufen. THE BIRDS setzt lediglich zwei Ereignisse A und B gegeneinander, um Spannung aufzubauen und die zeitliche Antizipation zu fördern.

Ein komplexeres Beispiel liegt im „show-down" von STRANGERS ON A TRAIN vor: Hier kommt es zur finalen Konfrontation zwischen Profi-Tennisspieler Guy und seiner Reisebekanntschaft Bruno, der ihm den Mord an seiner Ehefrau anhängen will. Der gewaltsame Kampf auf einem Kinderkarussell wird durch einen unglücklichen Zwischenfall dramatisiert: Polizisten erschießen den Betreiber des Karussells, der daraufhin auf den Schalthebel fällt. Das Karussell beschleunigt und dreht sich fortan lebensgefährlich schnell. Ein alter Mann aus der Menge begibt sich unter die rotierende Platte, um den Schalthebel in der Mitte wieder umzulegen. Währenddessen bricht unter den Zuschauern und den Karussellfahrern Panik aus. Die etwa zweieinhalbminütige Szene gliedert sich in der Montage in mehrere Teilereignisse: Guys Kampf mit Bruno (A), die angsterfüllten Karussellfahrer (B), die aufgewühlte Zuschauermenge (C) und dem alten Mann unter der rotierenden Platte (D). Die Gefahr ist in diesem Fall fast allen Teilnehmern bekannt, denn die Szene befindet sich bereits im Problemlösungsprozess: Das zeitlich zu antizipierende Ereignis D folgt dem konventionellen – hier allerdings eher untypisch dargestellten – „Retter in der Not", der die Resolution der Spannungsszene in Aussicht stellt: Doch wird es diesem gebrechlich wirkenden Mann tatsächlich gelingen? Und wenn ja, *wann* wird er die wahnsinnige Fahrt endlich anhalten? *Wie lange* wird er bis zur Mitte brauchen? Die auf den ersten Blick chaotische Montage (vgl. Corrigan/White 2012, 158) schiebt hier also nicht Informationen zur Gefahr an sich, sondern die *Hinweise zu deren Problemlösung* auf. Die Ereignisse A, B und C erhalten wesentlich mehr Erzählzeit als das Ereignis D. Das Publikum verfolgt den dramatischen Kampf zwischen Protagonist und Antagonist und wird durch die abwechselnden Einstellungen angsterfüllter Kinder auf dem Karussell und einzelner panischer Mütter in der Menge zusätzlich emotional involviert. Der sich zuspitzenden Lage auf dem Karussell wird die längste *screen duration* gewidmet:

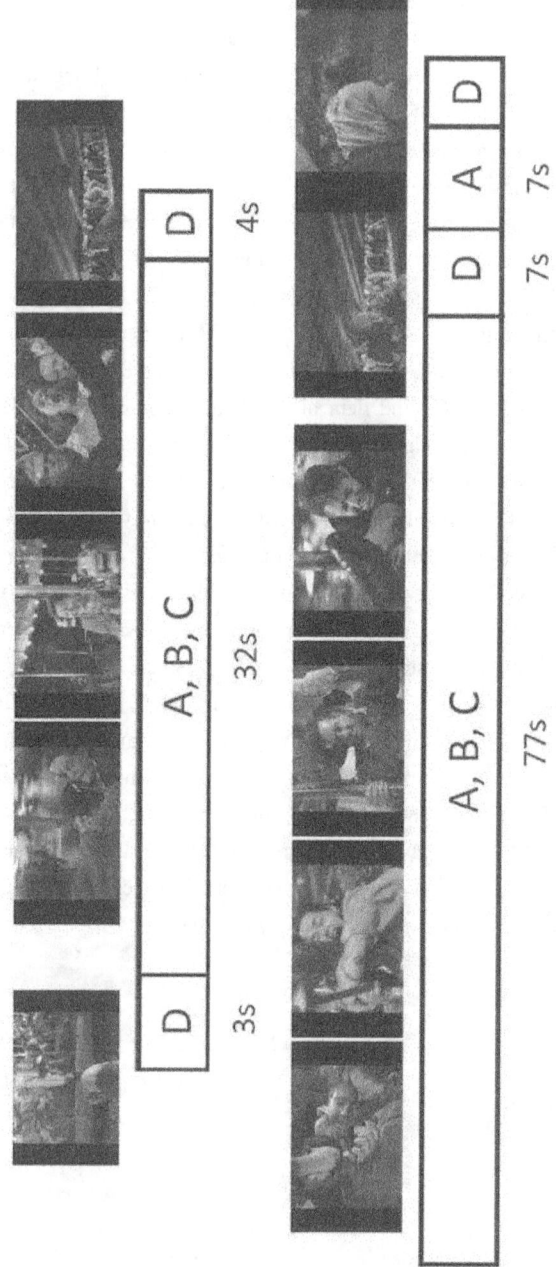

Abb. 3: Diskursive Verzögerung in STRANGERS ON A TRAIN: Die Erzählzeit für die Ereignisse A, B und C wird verlängert und schiebt die Information über Ereignis D auf (eigene Darstellung).

Das Vorankommen des Mannes unter dem Karussell wird dagegen am seltensten und kürzesten dargestellt, gerade weil es sehnlichst erwartet wird. Neben Ereignis A, das den Höhepunkt des gesamten Films darstellt, also die Resolution der filmübergreifenden Spannungslage verspricht, ist D das *situationsgebunden* antizipierte Ereignis. Es wird immer nur für wenige Sekunden gezeigt, um den Zuschauer über die Sukzession des Problemlöseprozesses zu informieren. Unterbrochen und aufgeschoben werden die Einstellungen D durch eingeschobene 32- und 77-sekündige Montagen der Ereignisse A, B und C, was die Antizipationsdauer signifikant verlängert. Zu dem Aufschub wichtiger Informationen über die Problemlösung gesellt sich die subjektiv bewertete Wahrscheinlichkeit deren Scheiterns hinzu. Auch der „Retter in der Not" ist in einer lebensbedrohlichen Lage. Hebt er nur einmal den Kopf, wird die rotierende Platte ihn töten – die Rettungsaktion würde fehlschlagen. Der sorgfältige informationelle Aufschub von Ereignis D wird durch die Vielfalt der eingeschobenen Ereignisse A bis C und deren verlängerte Erzählzeit verschärft. „One of the prime means of creating suspense consists in the authors temporarily impeding (,suspending') the […] progression of action, especially its onward rush toward some expeted climax, by the interposition of more or less extraneous matter" (de Wied 1995, 120). Während Ereignis A hochgradig handlungsrelevant ist und selbst einen Klimax beinhaltet, sind die Einstellungen B und C bezüglich des Handlungsausgangs informationsleer. Die aufgeregte Zuschauermenge und die schreienden Kinder geben keinen Aufschluss auf die Problemlösung, tragen aber zur emotionalen Verstärkung der Szene bei. Auf derartige zusätzliche Ereignisse wurde im Beispiel aus THE BIRDS verzichtet – möglicherweise, weil eine emotionale Reaktion auf die Spannungssituation durch die Ahnungslosigkeit der Protagonistin und die doppelte Situationsdefinition bereits ausreichend provoziert wird. Die zeitliche Antizipation bezieht sich hier einerseits auf die *Ausformulierung der Gefahr* und andererseits auf die *Erwartung eines Informationsausgleiches* zwischen Figur und Zuschauer: *Wann* wird Melanie die Vögel bemerken und *wie viele* werden es dann sein? Die Szene aus STRANGERS ON A TRAIN hingegen geht bereits von einem Wissensgleichstand aus und richtet ihre Dramaturgie auf die *Dauer der Problemlösung* im Angesicht der Katastrophe aus. *Wie lange* müssen sich die Figuren mit der Gefahr auseinandersetzen, *wann* werden sie ihr entgehen? Das informationelle Verhältnis zur Figur scheint zum einen damit zusammenzuhängen, in welcher Phase sich die Spannungssituation befindet. Zum anderen gibt es vor, was dem Zuschauer im filmischen Diskurs temporär vorenthalten wird. Im Suspense-Fall

(THE BIRDS) befindet sich die Gefahrenlage noch in der Phase der Ausformulierung. Daher werden neue Hinweise zur Entwicklung und Entfaltung der Gefahr aufgeschoben. Im Falle gemeinsamen Wissens (STRANGERS ON A TRAIN) sehen sich die Figuren bereits mit der möglichen Katastrophe konfrontiert, womit die Problemlösephase eingeleitet wird. Folglich wird die Unterrichtung des Zuschauers über den Fortschritt des Rettungsversuches hinausgezögert.

Eine *formale* oder *diskursive* Verzögerung besteht aus der vorläufigen Verweigerung von neuen Informationen zu einem Ereignis in der Diegese. Das Ereignis selbst schreitet in der erzählten Zeit sukzessive voran; die Repräsentation dieses Fortschritts wird jedoch durch andere Ereignisse unterbrochen und aufgeschoben. Die Verzögerung findet durch filmspezifische Mittel wie Montage, also auf Ebene des Diskurses statt. Als Strategie zeitdehnender Narration wird die Erzählzeit für weniger wichtige Ereignisse verlängert. Obwohl keine Zeitlupe eingesetzt wird und i.d.R. ein Echtzeiteindruck vermittelt wird, erscheint die *screen duration* für den Zuschauer *gedehnt*. Anders gestaltet sich eine Verzögerung, die innerhalb der Diegese selbst entworfen wird.

4.1.2 Diegetischer Aufschub

Neben der *formalen* Manipulation der *Erzählzeit* kann es sich bei einer Verzögerung auch um eine *diegetische* handeln, insofern Ereignisse in der *erzählten Zeit* nicht zum angenommenen Zeitpunkt eintreten. Ein einfaches Beispiel dafür wäre, dass sich zwei Charaktere zum Duell um 12 Uhr verabreden, einer der beiden sich verspätet und den Protagonisten – sowie das Publikum – warten lässt. Im Gegensatz zu einer diskursiven ist eine diegetische Verzögerung sowohl für den Zuschauer als auch für die Figuren wahrnehmbar. Der Aufschub gehört zur Wahrnehmungswelt der Handlungsteilnehmer und damit zur Diegese. Es handelt sich gewissermaßen um eine doppelte Verzögerung, da auch hier die formalen Mittel zu deren Darstellung und Verdeutlichung beitragen. Dieses Phänomen lässt sich anhand der Maisfeld-Szene aus NORTH BY NORTHWEST genauer analysieren: Roger Thornhill trifft an einer Bushaltestelle in der Wüste ein, an der er den Agenten George Kaplan treffen soll. Das Treffen wurde von Thornhills Reisebekanntschaft Eve Kendall arrangiert. Nun wartet Thornhill auf das Eintreffen Kaplans, beobachtet die vorbeifahrenden Autos und spricht einen Farmer an. Dieser ist nicht Kaplan, sondern wartet auf den nächsten Bus. Bevor er die Szene verlässt, wundert er sich darüber, dass ein Agrarflieger abgeerntete Felder mit Insektiziden behandelt. Als Thornhill allein ist, bemerkt er, dass ebendieses Flugzeug direkt auf ihn zusteuert. Er muss dem Flugzeug, dessen Insasse ihn offensichtlich töten will, immer wieder ausweichen. Thornhill flieht in den Schutz eines Maisfelds und rennt anschließend auf die Straße, um einen Lastwagen anzuhalten. Da dieser nicht rechtzeitig bremst, wirft er sich unter den Wagen. Der Verfolger kann nicht mehr ausweichen und kracht mit dem Flugzeug in den Benzintank des Wagens, der sofort explodiert.

Die Sequenz ist in zwei Teile gegliedert: Der erste Teil beschreibt die Wartephase des Protagonisten. Thornhill sieht sich nach seiner Verabredung um, trifft auf einen Farmer und muss schließlich feststellen, dass es sich nicht um Kaplan handelt. Der zweite Teil umfasst den Mordanschlag auf Thornhill sowie dessen Flucht- und Rettungsversuche (in Anlehnung an Wulff 1994, 102f.). Schon im ersten Teil wird die diegetische Verzögerung deutlich: In der Wartephase passiert nichts, was die Handlung vorantreibt. Thornhill steht an der Bushaltestelle, immer wieder fahren Autos vorbei, weit und breit keine Spur von George Kaplan. Nun ist der Zuschauer durch frühere Szenen bereits darüber informiert, dass Kaplan gar nicht existiert und Eve Kendall den Anschlag eingefädelt hat. Die *Situationsdefinition* des Protagonisten unterscheidet sich damit fundamental von der des Zuschauers (vgl. ebd., 102). Es liegt zunächst eine Suspense-Situation vor, da das Publikum weiß, dass dem arglosen Protagonisten Todesgefahr droht. In welcher Gestalt sich diese offenbaren wird, ist allerdings auch für den Rezipienten ungewiss. Anstelle der Ankündigung und Entfaltung einer konkreten Bedrohung wie die Krähen im Beispiel aus THE BIRDS haben wir es in der Wartephase der Maisfeld-Szene mit einer Was-Spannung zu tun, die sich durch ihre Latenz auszeichnet. Der Zuschauer wartet auf weitere Hinweise zu dem angekündigten Anschlag auf Thornhills Leben – deren vorläufiges Ausbleiben verlängert die qualvolle Antizipation. Der zeitliche Ablauf kompensiert die unzureichend ausformulierte Gefahr und spielt die unterschiedlichen Situationsdefinitionen gegeneinander aus: In jedem Auto vermutet Thornhill den berüchtigten Kaplan, das Publikum hingegen wittert möglicherweise hinter jeder Frontscheibe einen Angreifer. Dass diese Ereignisse in der ersten Phase ausbleiben, beschreibt im Wesentlichen die *diegetische* Verzögerung. Nicht nur bleiben Informationen über den geplanten Anschlag aus, das Ereignis selbst scheint sich zu „verspäten". Dieser Eindruck entsteht, da in der Szene erzählte Zeit und Erzählzeit offenbar komplett zusammenfallen. Die erzählte (Warte-)Zeit wird nicht merklich durch Montage verkürzt oder beschleunigt. Ein weiteres Indiz sind die relativ langen Einstellungen, in denen nichts geschieht. Die „Gefährdungserwartungszeit" (Jenzowsky/Wulff 1996, o.S.) wird verlängert: Sowohl der Protagonist innerhalb der erzählten Zeit als auch die Zuschauer in Echtzeit warten mehrere Minuten lang auf das Auftreten Kaplans bzw. eines Attentäters. Bis dahin werden Ereignisse eingeschoben, die sich als unerheblich für die Handlung erweisen: Die vorbeifahrenden Autos sind weder für den Protagonisten noch für das Publikum von Bedeutung; der Farmer ist nicht der von Thornhill erwartete Kaplan oder der vom Zuschauer vermutete Attentäter. Dennoch gibt der Farmer bereits den entscheidenden Hinweis auf die Art und Weise des Anschlags, nämlich durch seine Bemerkung über das Flugzeug. Mit dem Wissen, dass dieser gar nicht düngen bräuchte, kann der Protagonist aufgrund seiner eigenen Situationsdefinition vorerst nicht viel anfangen, der aufmerksame Zuschauer jedoch kann seine Antizipationen nun auf den Flieger fokussieren. Die Situationsdefinitionen stimmen erst überein, als auch Thornhill klar wird, dass der Flugzeugpilot einen Mordanschlag auf ihn verübt. Es stellt sich zwar nur ein *partieller* Informationsgleichstand ein, der sich auf die gegenwärtige Gefahr bezieht, in der der Protagonist schwebt. Thornhill bleibt bezüglich der Hintergründe des Mordanschlags, z.B. Eve Kendalls Rolle in dem Komplott, bis zu seiner Rückkehr ins Hotel weiterhin ahnungslos. Für die aktuelle Handlung in der Wüste ist dieser Wissensvorsprung des Zuschauers aber unerheblich. In dieser Situation bezieht sich der Problemlöseraum nicht auf die Enthüllung der Verschwörer, sondern auf den Mordanschlag. Die vormalige Was-Spannung (*Wer oder was* wird Thornhill angreifen?) schlägt durch das Auftauchen des Flugzeugs, die Konkretisierung der antizipierten Gefahr, in eine Wie-Spannung um: *Wie* wird Thornhill der brenzligen Lage entgehen?

In der zweiten Phase der Szene spielen vor allem *scheinbare* Verzögerungen eine bedeutende Rolle, die sich auf Diegese und Diskurs gleichermaßen beziehen. Denn da es sich hierbei um eine Actionszene handelt, in der Thornhill vor dem Flieger Deckung sucht, ist nach heutigen Konventionen zeitraffendes Erzählen mittels Kamera- und Montagearbeit zu erwarten. Gemäß der Situationsdefinition in diesem Abschnitt der Maisfeldszene müssten die Kameraeinstellungen kürzer und die Schnittfrequenz beschleunigt werden – schon allein, weil die Handlungen des Protagonisten durch die tödliche Bedrohung sichtbar angetrieben werden. Das Gegenteil ist jedoch der Fall: Anstatt durch den Schnitt die Handlung zu beschleunigen und Thornhill im Sekundentakt mit dem herabstoßenden Flieger zu konfrontieren, erscheint die Erzählzeit zwischen den einzelnen Angriffen gedehnt. Die diegetischen Ereignisse, sprich die Handlungen des Protagonisten, beschleunigen sich durch die erkannte Gefahr, der Modus der Darstellung dagegen nicht. Die Veränderung der Situationsdefinition – von der handlungsarmen Wartesituation zu einer Gefahrensituation, die reaktive Handlungen vom Protagonisten verlangt – zieht keinen Umbruch im filmischen Diskurs nach sich (vgl. Wulff 1994, 113). Dem Wandel im Informationsgefälle zwischen Zuschauer und Figur schließt sich kein Wechsel im Verhältnis von erzählter Zeit zur Erzählzeit an. Das Empfinden von Verzögerungen bleibt, obgleich auch hier durch den Einsatz von diegetischem Ton ein Eindruck von Echtzeit vermittelt wird: Das fortlaufende Geräusch des Flugzeugs sichert die zeitliche Kontinuität der Diegese und gibt zudem Hinweis darauf, wann der Flieger wieder herabstoßen könnte. Die zeitlichen Abstände zwischen den Angriffen verdeutlichen die Strategie der scheinbaren diskursiven und diegetischen Verzögerung:

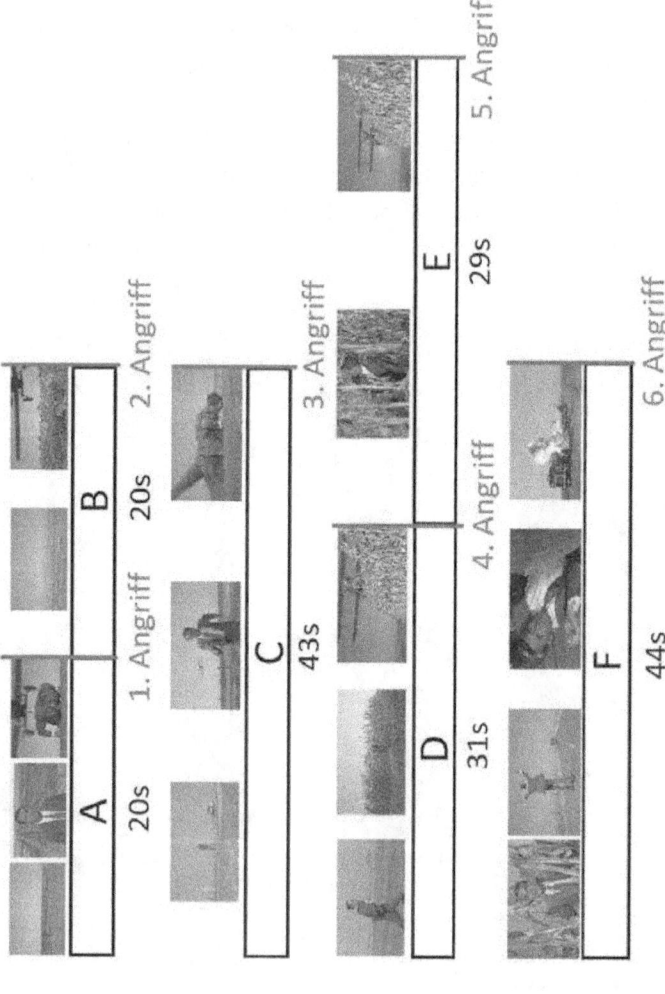

Abb. 4: Die Angriffe des Flugzeugs auf Roger Thornhill folgen nicht innerhalb weniger Sekunden aufeinander, sondern werden entgegen den heutigen Konventionen deutlich verzögert (eigene Darstellung).

Die Ereignisse A bis F beschreiben die unterschiedlichen Problemlösungsversuche seitens des Protagonisten. Von dem Moment, als Thornhill beginnt, das Flugzeug zu beobachten, bis zu dessen ersten Herabstoßen auf ihn vergehen in etwa 20 Sekunden, ebenso verhält es sich beim zweiten Angriff. Die zeitlichen Abstände zwischen dem dritten, vierten und fünften Angriff sind ebenfalls ungefähr gleich lang. Zwischen dem zweiten und dritten sowie dem fünften und letzten Angriff liegen jedoch jeweils mehr als 40 Sekunden. Die Ereignisse C und F stellen dem Schema nach noch einmal deutliche diegetische Verzögerungen dar. Zum einen entsprechen sie nicht dem zeitlichen Rhythmus der Ereignisse A und B (Thornhill beobachtet den Flug des Agrarfliegers) sowie D und E (Thornhill versteckt sich im Maisfeld). Zum anderen umfassen sie andere Handlungen, welche die Problemlösung weiter aufschieben: Der Protagonist versucht beide Male, ein Auto anzuhalten. In *Erzählzeit* sind 20 bis 40 Sekunden beträchtliche Zeitspannen, die für derartige Actionszenen heute längst nicht mehr typisch sind. Auch hier ist die zeitdeckende Narration ein signifikanter Faktor für die Spannungsdramaturgie. Das für eine Gefahrensituation ungewöhnlich langsame Erzähltempo erweist sich als äußerst effektiv für den Unsicherheitsgrad des Zuschauers.

> Because the events brought to the screen usually happen much faster than in real life, decelerating the pace typically involves a closer approximation to the natural time course of events. We suggest that a slow-down in the action is functional in this instance. First of all, it lengthens the time interval between the initiating and the outcome event and thus lengthens the anticipatory time period. Second, it [...] enables the viewer to think about what is to come (de Wied 1991, 15f.).

Die Wahrscheinlichkeit eines negativen Ausgangs spitzt sich mit jedem Aufschub zu, denn Thornhill gelingt es nicht, der Gefahr zu entgehen: Der Fluchtversuch (C) schlägt fehl, das Versteck im Maisfeld wird ebenfalls zur Todesfalle (E). Andererseits schieben die Einstellungslängen die antizipierte Katastrophe immer wieder auf und geben dem Publikum jedes Mal genug Zeit, Thornhills Chancen auf Flucht neu abzuwägen.

Insgesamt kann man auch bei der Maisfeld-Szene von einer Enttäuschung der zeitlichen Erwartungen sprechen: Auch wenn der Zeitpunkt des Mordanschlags in der erzählten Zeit nicht exakt festgelegt wurde, tritt er erst viel später in der Szene ein als möglicherweise vermutet. Außerdem verlängert sich das Spannungserleben durch den mehrfachen Angriff auf Thornhill, der jedes Mal nur knapp dem Tod entgeht. Bezüglich der Gefahr wird mehrmals aufgeschoben: Zum einen tritt der vorweggenommene Mordanschlag *in der Diegese* verspätet ein und die Erzählzeit verkürzt die Wartezeit für den Zuschauer bis zum tatsächlichen Gefahreneintritt auch nicht. Zum anderen wird – an heutigen Konventionen gemessen – eine verlängerte Antizipationsdauer zwischen den Flugzeug-Angriffen, insbesondere vor dem dritten und sechsten Angriff, gewährt. Tatsächlich liegt hier ein ambivalentes Konzept von Beschleunigung der diegetischen Handlungen des Protagonisten und gleichbleibender Geschwindigkeit des Erzähltempos vor. Der Protagonist handelt unter Zeitdruck, denn bis zum nächsten Angriff bleibt nur wenig (erzählte) Zeit. Das Publikum hingegen nimmt eine Zeit*dehnung* wahr, denn der antizipierte Ausgang tritt später ein als es die Handlungen Thornhills, die Geschwindigkeit des Flugzeugs und die heutigen Konventionen erwarten lassen. In der ersten Phase fallen *Erzählzeit* und *erzählte Zeit* zusammen, wohingegen in der zweiten Phase die Erzählzeit den Zeitraum der Handlung sogar zu überschreiten scheint.

Wie die Gliederung der Maisfeld-Szene bereits andeutet, werden in NORTH BY NORTHWEST gleich zwei Ereignisse hinausgezögert: In der Wartephase bleibt das antizipierte Attentat, die Ausformulierung der Gefahr, zunächst aus, in der Phase des Angriffs wird die Flucht Thornhills, die Problemlösung, durch das mehrmalige Scheitern seiner Bemühungen aufgeschoben. Häufig sind Spannungsszenen nicht derart ganzheitlich von diegetischen Verzögerungen durchzogen. SABOTEUR z.B. setzt in seiner Ballsaal-Szene lediglich auf den Aufschub der Problemlösung. Die Protagonisten Barry Kane und Patricia „Pat" Martin sind die Geiseln einer Bande von Saboteuren, die das Haus einer reichen Dame als Schutz-Quartier nutzen. Ihre Flucht- und Rettungsversuche werden fortlaufend vereitelt, wobei jedes Scheitern die Spannungssituation verlängert: Die Ausgänge werden versperrt, die Gäste auf dem Gesellschaftsball sind nicht bereit, den Helden zu helfen, und die öffentliche Bloßstellung der Hausherrin misslingt. Die als rettende Ideen angekündigten Handlungen von Barry und Pat werden niemals vollständig ausgeführt. Die Problemlösung wird sogar über die Szene hinaus suspendiert, als Pat erneut entführt und Barry niedergeschlagen wird. Hinzu kommt die aufgewandte Erzählzeit zwischen den einzelnen Lösungsversuchen. Nachdem die Ballgäste ihnen jegliche Hilfe versagt haben, mischen sich die Protagonisten unter die Tanzpaare. Sie beraten sich über ihre Situation und gestehen einander ihre Liebe. Dieses Ereignis markiert einen diegetischen Einschub, eine Verzögerung der Spannungsauflösung. Die Figuren versuchen buchstäblich, (erzählte) Zeit zu schinden, was dem Zuschauer wiederum (Erzähl-)Zeit gibt, ihre Chancen auf Rettung neu abzuwägen.

Die formale Auflösung unterstützt den Eindruck der Verzögerung: „In der Art und Weise, wie die Daten dargeboten werden, organisiert der Film einen Informationsverarbeitungsprozeß vor, der vom Zuschauer genutzt werden kann" (Wulff 2002, o.S.). So wird die Unterhaltung von Barry und Pat in einer zwei Minuten langen Einstellung gezeigt. In dieser Zeit werden keine neuen Informationen über die aktuelle Gefahrensituation vermittelt. Sowohl deren Ausformulierung als auch die Problemlösungsversuche werden für zwei Minuten suspendiert. Die bisherigen Informationen über die Saboteure und die globale Zielstellung des Films werden freundlicherweise von den Figuren rekapituliert, sodass der Zuschauer in seiner Hypothesenbildung wenig kognitiven Eigenaufwand betreiben muss. Der Unsicherheitsgrad schlägt während des Tanzes wieder zugunsten der Hoffnung auf einen positiven Ausgang aus, da sich die Protagonisten für einige Minuten Sicherheit vor ihren Gegnern verschaffen. Im Zuge der scheiternden Fluchtversuche wird die Wahrscheinlichkeitsbewertung womöglich stärker von der Angst vor einem negativen Ausgang beeinflusst. Ebenso ermöglicht die verlängerte Erzählzeit, Antizipationen über die umgebende Gefahr anzustellen. Zwar hat die Bedrohung bereits Gestalt in Form diverser Akteure angenommen, dennoch bleiben beide Parteien, Protagonisten und Zuschauer, im Unklaren darüber, *wie* die Saboteure weiterhin vorgehen werden, *wann* ihr Zugriff auf Barry und Pat erfolgen wird. Das Publikum benötigt mehr Zeit, um weitere Handlungsmöglichkeiten zu entwerfen, da diesbezügliche Hinweise nur spärlich gestreut werden, etwa wenn Barry und Pat ihre Widersacher auf der Treppe erblicken. Diese Informationsarmut erschwert die zeitliche Antizipation, was den Einschub des Tanzes zu einer willkommenen Verzögerung macht: Sie bildet im rezeptiven „Wechselprozess zwischen Spannungs- und Entspannungsphasen" (Eder/Wulff 2012, o.S.) eine kurzfristige Entspannungsphase, bevor sich neue Antizipationen bezüglich der Gefahr herausbilden können.

Die Wahrnehmung einer Verzögerung innerhalb der Diegese ist stets subjektiv geprägt, weshalb es in Spannungsszenen auch zu ambivalenten Zeitverhältnissen kommen kann. So liegt im Klimax von REAR WINDOW eine durchaus strittige Unsicherheitssituation vor: Nachdem Protagonist Jeff auf einen Trick des Nachbarn Lars Thorwald hereingefallen ist und seine Identität verraten hat, begibt sich der mutmaßliche Mörder zu dessen Apartment. Angekündigt wird dies durch das entfernte Geräusch des Fahrstuhls und anschließende Schritte auf dem Flur. Da Jeff mit seinem gebrochenen Bein nicht fliehen kann, nutzt er die verbleibende Zeit bis zu Thorwalds Ankunft zum Aufbau seines Blitzlichtes. Die Zeitspanne zwischen den ersten ankündigenden Geräuschen und dem tatsächlichen Einbruch des Mörders in Jeffs Apartment erscheint dabei in doppelter Hinsicht ungewöhnlich lang. Dem Protagonisten wird trotz offensichtlichem Zeitdruck viel (erzählte) Zeit gewährt, seinen Rettungsversuch vorzubereiten. Das Publikum wiederum erhält durch die ausführliche Repräsentation dieses Ereignisses einiges an (Erzähl-)Zeit, um die Wahrscheinlichkeit der Katastrophe (Thorwald tötet Jeff) abzuwägen. Der aufmerksame Rezipient stößt zudem auf logische Ungereimtheiten in der Dramaturgie: Die Schritte auf dem Flur folgen sehr langsam und nicht kontinuierlich aufeinander, bleiben sogar für einige Momente aus, und nach dem Erlöschen des Flurlichtes geschieht eine Weile lang nichts. Es lässt sich nicht eindeutig feststellen, ob die Verzögerung des antizipierten Ereignisses diegetisch begründet ist (z.B. Thorwald zögert oder wartet ab) oder durch formale Mittel (z.b. die Manipulation der Tonspur oder den Einsatz von Zeitlupe) erfolgt – oder beides. Der Echtzeiteindruck wird in diesem Fall durch den Ton eher destabilisiert und es bleibt unklar, ob die Erzählzeit mit der erzählten Zeit tatsächlich deckungsgleich ist. Dass die Sukzession des Ereignisses „Der Mörder kommt zu Besuch" keine eigenen Einstellungen erhält und nur durch reduzierte akustische und visuelle Signale dargestellt wird, hat erheblichen Einfluss auf den Unsicherheitsgrad in dieser Spannungssituation. Die angekündigte Gefahr ist bereits stark konkretisiert: Publikum und Protagonist wissen, *wer* die Bedrohung darstellt und zu *was* diese Figur fähig ist – eine vorherige Szene konnte Thorwald weitestgehend als Mörder überführen. Unsicher bleibt nur der (diegetische) Zeitpunkt seines Eintreffens. Unter diesem Gesichtspunkt könnte man bei dieser Szene auch von einer Deadline-Situation sprechen. Der Protagonist steht unter Zeitdruck, seine Rettung zu „planen", wobei die verbleibende Zeit zur Problemlösung langsamer verrinnt als angenommen.

**4.2 Unter Zeitdruck ins Verderben – Deadlines bei Hitchcock**
Anders als Verzögerungsstrategien speisen sich Deadline-Dramaturgien nicht aus dem Aufschub eines antizipierten Ereignisses, sondern aus dessen zeitlich absehbaren Eintritt. Das Herannahen einer Katastrophe muss hierbei wiederholt artikuliert werden, um dem Zuschauern ein Gefühl von Zeitdruck zu vermitteln.

4.2.1 Mit dem Blick auf die Uhr

> One of the most common temporal schemes in narrative films, the *deadline structure* adds to the tension and excitement of a plot, accelerating the action toward a central event or action

that muss be accomplished by a certain moment, hour, day, or year. These narrative rhythms can create suspense and anticipation [...] (Corrigan/White 2012, 236, Herv. i. O.).

Die bisherigen Beispiele haben gezeigt, wie Verzögerungen in der Erzählzeit einerseits als rein formales Element auftreten und andererseits als diegetische Einschübe die Spannungsdramaturgie unterstützen können. Wie verhält es sich nun mit Erzählzeit und erzählter Zeit, wenn in der Diegese ein bestimmter Zeit*punkt* festgelegt wird, zu dem die Katastrophe eintreten soll? Wie kann sich der zeitliche Umgang mit einer *Deadline* gestalten? Grundvoraussetzung für das Spannungserleben ist hier, dass der Zuschauer in der „Vorlaufzeit" über die diegetische Frist informiert wird. Die Etablierung eines Countdowns „legt eine genaue Zeitstrecke bis zur Deadline fest, auf der wir ein bestimmtes dramaturgisches Programm erwarten dürfen" (Lahde 2012, 252). Am Ende dieses Countdowns steht in Spannungsszenen meist ein existenziell gefährdendes Ereignis, das es zu verhindern gilt. So stellt sich eine bange Erwartung des kommenden Geschehens ein, die sich auf die verknappte Zeit richtet, die den Protagonisten bleibt, um der Katastrophe zu entgehen. Eine solche Situation liegt in SABOTAGE vor: Der Saboteur Mr. Verloc nimmt das Paket, das eine Bombe enthält, in Empfang. Auf der beiliegenden Mitteilung steht, dass die Bombe um 13:45 Uhr explodieren wird. Da Verloc verhindert ist, schickt er den jungen Steve, um das Paket bis 13 Uhr an den geplanten Anschlagsort auszuliefern. Auf seinem Weg durch die Stadt wird Steve mehrmals aufgehalten, u.a. durch eine Marktpräsentation und die königliche Parade. Der Junge ist sich seiner Verspätung bewusst, weiß aber nichts von der Bombe. Diese explodiert schließlich im Bus, tötet Steve und sämtliche Insassen.

In SABOTAGE generieren die eindeutig festgelegte Deadline sowie die wiederholten Einblendungen von Uhren das Motiv eines Countdowns nach Lahde. Sehr früh in der Handlung wird die Deadline „1.45 p.m." etabliert und damit die Vorlaufzeit eingeläutet – in der erzählten Zeit ist es gerade einmal 10:55 Uhr, als Verloc nach Erhalt des Paketes auf die Uhr schaut. Wenn Steve das Haus verlässt, ist es 11:30 Uhr. Von nun an werden die Suspense-Situation und das Verhältnis zwischen Erzählzeit und erzählter Zeit im Bezug auf die Deadline äußerst wirksam ausgespielt: Die gesamte Spannungssequenz überbrückt 136 Minuten *erzählte Zeit* (von 11:30 bis 13:46 Uhr) in ca. 8 Minuten *Erzählzeit*, jedoch in unregelmäßigen Zeitsprüngen. Folgende Übersicht illustriert das Wechselspiel von Erzählzeit und erzählter Zeit:

| Uhrzeit im Film | Erzählte Zeit | Timecode | Erzählzeit |
|---|---|---|---|
| 10.55 Uhr | | 00:38:43 | |
| | 35 Minuten | | 00:05:58 |
| 11:30 Uhr | | 00:44:41 | |
| | 90 Minuten | | 00:03:56 |
| 13:00 Uhr | | 00:48:37 | |
| | 20 Minuten | | 00:00:57 |
| 13:20 Uhr | | 00:49:34 | |
| | 11 Minuten | | 00:01:37 |
| 13:31 Uhr | | 00:51:11 | |
| | 5 Minuten | | 00:00:21 |
| 13:36 Uhr | | 00:51:30 | |
| | 7 Minuten | | 00:00:31 |
| 13:43 Uhr | | 00:52:01 | |
| | 2 Minuten | | 00:00:35 |
| 13:45 Uhr | | 00:52:36 | |
| | < 1 Minute | | 00:00:15 |
| 13:45 Uhr | | 00:52:51 | |
| | < 1 Minute | | 00:00:03 |
| 13:46 Uhr | | 00:52:54 | |

Tabelle 1: Die wechselnden Verhältnisse von Erzählzeit zu erzählter Zeit in SABOTAGE.

Die Vorlaufzeit umfasst das Eintreffen der Bombe, Steves Streifzug über den Marktplatz sowie die königliche Parade, sprich die diegetische Zeitspanne von 10:55 bis 13:31 Uhr. Mit der sorgfältigen Informierung des Zuschauers über den geplanten Zeitpunkt der Explosion und die Forcierung des Zeitdrucks durch Steves Verspätung wird die temporale Bedrohung ausformuliert. Hitchcock arbeitet auch in SABOTAGE mit *diegetischen* Verzögerungen, die er durch Einstellungen auf öffentliche Uhren immer wieder verdeutlicht (siehe Anhang Nr. 2). Bis Steve sich aus der Situation auf dem Marktplatz befreien kann und bei der Parade ankommt, vergehen innerhalb der Handlung 90 Minuten. Die Erzählzeit überbrückt diese in etwa vier Minuten. Dies stellt dennoch eine signifikante Zeitspanne dar, da der Zuschauer in diesen vier Minuten nicht über den aktuellen Zeitstand informiert wird. Die Information, dass es schon 13 Uhr ist, bestätigt den Zeitverlust auf dem Markt. Die heiße Phase beginnt mit dem Betreten des Busses. Ab der diegetischen Uhrzeit 13:31 Uhr beginnt für Steve der „Hindernislauf" durch den Londoner Straßenverkehr. Immer wieder muss der Bus aufgrund von Staus oder roten Ampeln halten. Das Erzähltempo beschleunigt sich deutlich: Die zeitlichen Abstände zwischen den Einblendungen von Uhrzeiten betragen nun meist nicht einmal mehr eine Minute. Proportional zur verrinnenden erzählten Zeit bis zur Explosion scheint sich auch die Erzählzeit zu verkürzen. Sie „rennt" förmlich auf den Zeitpunkt der Explosion zu. Das Modell der Verzögerung nach de Wied (1995, 119) greift hier nur bedingt:

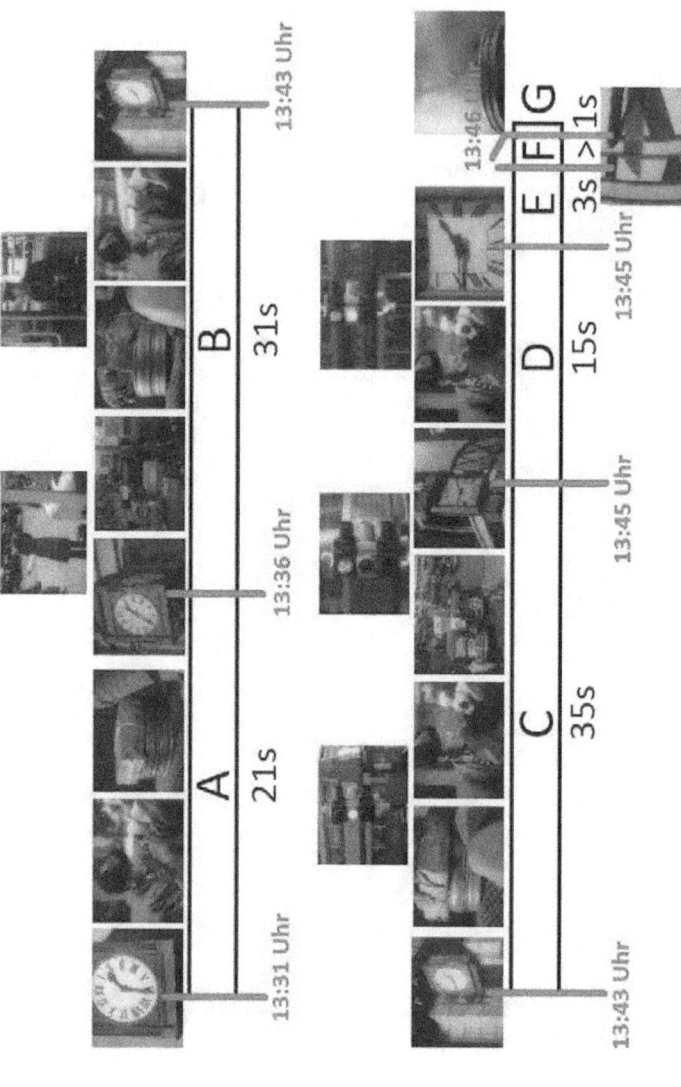

Abb. 5: Ambivalente Zeitabstände in der Bus-Szene von SABOTAGE (eigene Darstellung).

In der Bus-Szene zeichnen sich unterschiedliche Zeitabstände zwischen den Einblendungen der Uhrzeit ab. Zwar werden immer dieselben „Ereignisse" im filmischen Diskurs eingeschoben (der Stau auf der Straße, die Ampeln, Steves Spiel mit dem Hund), jedoch schwankt die Erzählzeit erheblich. An SABOTAGE lässt sich Lahdes Hypothese von der inkonsequenten Behandlung von *screen* und *plot duration* nachvollziehen:

> [...] tatsächlich aber diszipliniert der Countdown nicht etwa Erzählzeit und erzählte Zeit in ihrem Zusammenspiel, sondern ermuntert im Gegenteil zu Eskapaden. [...] Je ausgefüllter die erzählte Zeit mit Hindernissen und deren Überwindung ist, desto mehr Erzählzeit benötigt die Handlung [...] Je näher die Deadline rückt, desto kostbarer wird die Konzentration [...] des Zuschauers auf jeden Augenblick (Lahde 2012, 254).

Das Publikum wird in unregelmäßigen Zeitabständen über den Fortschritt der erzählten Zeit informiert, was die Bus-Szene besonders interessant und spannungsreich gestaltet: Bis zur Uhrzeit 13:36 Uhr verringert sich der Zeitabstand kontinuierlich bis auf 21 Sekunden (A). Die darauffolgenden Ereignisse B und C hingegen werden auf über 30 Sekunden Erzählzeit gestreckt. Gerade bei Ereignis C ist dies eine signifikante Verzögerung, schließlich werden hier in 35 Sekunden nur 2 Minuten erzählte Zeit überbrückt, was aufgrund der vorhergehenden Verhältnisse (siehe Tabelle 1) als erneute (Erzähl-)Zeitdehnung erscheint. Die Erzählzeit nähert sich nicht gleichmäßig an die erzählte Zeit an. Auch Borringos These, dass je weiter die Suspense-Situation voranschreite, desto gestreckter die Erzählzeit erscheine (vgl. Borringo 1980, 84), trifft nicht uneingeschränkt zu. Von den Ereignissen D bis F wird sie extrem verkürzt. In der erzählten Zeit stellt dies nicht einmal eine Minute dar, ebenso in der Erzählzeit. Zwischen den zwei Einstellungen auf die Uhrzeit 13:45 Uhr werden nur noch 15 Sekunden lang andere Ereignisse eingeschoben, zwischen der zweiten Einstellung auf 13:45 Uhr und jener auf 13:46 Uhr wird nichts mehr eingeschoben. In den letzten Sekunden der Bus-Szene scheinen Erzählzeit und erzählte Zeit übereinzustimmen und mit gleicher Geschwindigkeit auf den antizipierten Zeitpunkt der Katastrophe zu treffen.

Auch wenn die einzelnen Zeitabstände ambivalent erscheinen, lässt sich doch eine generelle Beschleunigung des Erzähltempos in der Bus-Szene feststellen. Deren starke Wirkung wird zum einen durch *diegetische* Verzögerungen unterstützt: Mehrmals hält der Bus aufgrund der Verkehrslage an. Auf den Straßen herrscht Stau, die roten Ampeln halten den Bus zusätzlich auf. Gerade diese Einschübe verstärken den Eindruck der Zeitverknappung. Die Katastrophe wird durch die Verzögerungen während der Fahrt immer wahrscheinlicher, ein positiver Ausgang, dass Steve entkommt, scheint fast unmöglich. Zum anderen wird die Spannung dadurch verschärft, dass Gefahr und Uhrzeit dem Publikum wiederholt und mit steigender Frequenz gezeigt werden (siehe Anhang Nr. 2). Diese Einstellungen wechseln sich ab mit dem Londoner Straßenverkehr und dem nervösen Steve, der zwar weiß, dass er zu spät kommt, aber eben nicht über die Bombe informiert ist. Der Grad der Informiertheit des Zuschauers bestimmt ebenfalls die Wirkung der Zeitverknappung. Der Rezipient ist über die Situation maximal informiert: Die Gefahrensituation wird durch die beschriebene Montage von Uhrzeiten, dem ahnungslosen Opfer, dem explosiven Paket und verzögernden Ereignissen im höchstmöglichem Maße ausformuliert. Der Informationsvorsprung und die doppelte Situationsdefinition des Publikums sowie die extrem hohe Wahrscheinlichkeit einer Explosion unterstützen die Dramaturgie dieser Montage. Die Gefahr für den ahnungslosen Protagonisten wird dem Publikum immer wieder vor Augen gehalten, um die Momente der „letzten Spannung" (Borringo 1980, 43) so intensiv wie möglich zu gestalten. Lahde schreibt dem Erzählmotiv des Zeitzählers eher eine dramaturgische als eine diegetische Funktion zu (vgl. Lahde 2012, 252). Für die hier behandelte Sequenz trifft dies durchaus zu: Die Zeitanzeigen haben für die Figur nicht dieselbe Bedeutung wie für den Zuschauer. Der in Todesgefahr schwebende Steve nimmt die öffentlichen Uhren zwar wahr – seine Blicke aus dem Busfenster motivieren auch meist die nachfolgende Einstellung einer öffentlichen Uhr. Doch während das Ziffernblatt dem Jungen lediglich seine Verspätung anzeigt, weiß der Rezipient, dass die Explosion näher rückt und die Zeit zur Problemlösung unaufhaltsam ausläuft. Durch das Unwissen des Kindes bleibt diese Zeit jedoch ungenutzt. Der Ablauf der Bus-Szene bricht aus dem Schema des Countdowns aus (vgl. Lahde 2012, 252f.): Während die zuvor gezeigten Verzögerungen (Marktplatz, Parade, Verkehrsstau) sich durchaus noch als „Hindernislauf" bezeichnen lassen, bleibt der entscheidende Teil der heißen Phase gänzlich aus – was sowohl dem Informationsrückstand der Figur geschuldet ist, als auch der Entscheidung Hitchcocks, eine *deus ex machina* Lösung zu verweigern und das Kind tatsächlich zu opfern.[2]

---

[2] Die Entscheidung, ein unschuldiges Kind entgegen der Konventionen sterben zu lassen, soll Hitchcock nach eigenen Angaben bereut haben (vgl. Lahde 2012, 256). Denn als Publikum „sind wir zuversichtlich, dass die Rettung in letzter Sekunde noch gelingt. [...] Wir flirten allenfalls mit der Vorstellung, dass die Deadline ablaufen und die Bombe explodieren könnte [...] Ungemütlich wird es, wenn diese Regel gebrochen wird" (ebd., 255). Konzeptuell gesehen

Das Spannungskonstrukt der Bus-Szene zeichnet sich dadurch aus, dass der Rezipient weiß, *wann genau* die Bombe explodieren wird. Der Situation wird ein objektiv bewertbares zeitliches Limit gesetzt, was das Spannungserleben bis zum Zeitpunkt der Explosion dramatisch zuspitzt. Hinzu kommt, dass der negative Ausgang der Situation als maximal wahrscheinlich dargestellt wird. Diese doppelte Zuspitzung beschert dem Publikum ein Suspense-Erlebnis im Hitchcock'schen Sinne. Die Spannungssituation ist in jeder Hinsicht eindeutig: Die Informationsvergabe über das Wesen und den Zeitpunkt der Katastrophe sowie die Narrativierung von Zeitnot sind äußerst konsequent. Nicht immer sind die Spannungssituationen mit Deadlines von derart eindeutigen Komponenten umrissen. Es gibt durchaus Variationen hinsichtlich des Informationsstands des Publikums, der Wahrscheinlichkeit eines negativen Ausgangs und dem antizipierten Zeitpunkt seines Eintretens.

### 4.2.2 Zeitangaben ohne Zeit

Nicht immer wird eine Deadline in der erzählten Zeit genau festgelegt und ihr Auslaufen anhand von Uhrzeiten visualisiert. Ein Blick in Hitchcocks NOTORIOUS zeigt, dass die Narrativierung von Zeitnot auch an andere filmische Elemente gebunden sein kann: Die Amerikanerin Alicia Huberman arbeitet mit dem Geheimagenten T.R. Devlin zusammen, um Nazi-Spionen auf die Schliche zu kommen. Sie hat dazu den mutmaßlichen Anführer Alexander Sebastian geheiratet. Während einer Party im Hause Sebastian wollen Alicia und Devlin den Weinkeller inspizieren. Alica hat ihrem Mann den Schlüssel zum Keller entwendet. Auf der Party suchen Devlin und Alicia nach einer Gelegenheit, den besagten Ort aufzusuchen. Alicia bemerkt, dass der Vorrat an Champagnerflaschen an der Bar sehr schnell schwindet und Sebastian bald Nachschub aus dem Keller holen muss. Sie drängt Devlin, in den Keller zu gehen, bevor alle Flaschen aufgebraucht sind und Sebastian bemerkt, dass der Schlüssel fehlt. Während Alicia und Devlin im Keller entdecken, dass in den Weinflaschen Uranpulver gelagert wird, geht oben der Vorrat an Champagner tatsächlich zur Neige.

---

ist ebendieses katastrophale Ereignis jedoch signifikant für den Klimax von SABOTAGE: Es motiviert und rechtfertigt die nachfolgende Handlung der Protagonistin, ihren Ehemann zu erstechen, als sie von dessen Schuld am Tod ihres Bruders erfährt. Unter diesem Gesichtspunkt erscheint Hitchcocks Reue-Bekenntnis eher als Zugeständnis an moralisch empörte Zuschauer.

In der hier vorliegenden Spannungssituation agieren die Protagonisten unter Zeitdruck. Sie müssen ihren Auftrag bis zu einem naheliegenden diegetischen Zeitpunkt erfüllen, zu dem ein *unerwünschtes* Ereignis eintritt. Dieser Zeitpunkt, wenn der Champagner ausgeht und Sebastian das Fehlen des Schlüssels bemerken wird, ist in der Diegese noch *unbestimmt*. In der erzählten Zeit liegt eine Deadline vor, die nicht durch eine Uhrzeit festgelegt und dementsprechend narrativiert werden kann. Stattdessen ist sie an ein filmisches Element gebunden, die Champagnerflaschen. Konsequenterweise wird das Publikum durch mehrere Einstellungen auf die Flaschen über die zeitliche Verknappung informiert. Das Wissen über die Deadline teilt es mit den Protagonisten, denn diese sind sich ihrer Zeitnot durchaus bewusst. Lahdes Annahme, der Zeitzähler hätte eine dramaturgische Funktion für den Zuschauer, jedoch keine diegetische für die Figuren (vgl. Lahde 2012, 252), trifft hier nicht zu: Auch die Protagonisten nehmen die Flaschen als Zeitzähler wahr, was wiederum ihre Handlungen motiviert. Alicia und Devlin erkennen die indexikalische Funktion der Flaschen – das Wissen der Figuren wird dem Zuschauer explizit kommuniziert. Anschließend erfährt das Publikum gemeinsam mit Alicia und Devlin vom aktuellen Vorrat von elf, später sieben Flaschen an der Bar. Ein Tablett mit vollen Gläsern signalisiert Alicia und dem Zuschauer, dass immer mehr Champagner verbraucht wird. Das Informationsverhältnis kippt wenig später jedoch zugunsten der Spannungssteigerung: Als Alicia und Devlin die Party verlassen und den Weinkeller inspizieren, können sie den Flaschenvorrat nicht länger überwachen. Für sie ist es folglich nicht mehr möglich abzuschätzen, wann Sebastian in den Keller kommen wird. Die Szene weicht hier in einem weiteren Punkt vom Grundmodell des Countdowns ab: Die Problemlöseversuche richten sich nicht auf das Ausschalten des „Zünders": Die Protagonisten versuchen nicht, den Eintritt des antizipierten Ereignisses, d.h. den vollständigen Verbrauch des Champagners und das damit verbundene Auftauchen Sebastians im Keller zu verhindern. Sie müssen lediglich sicherstellen, ihre Mission *vor* dem Auslösen des Zünders zu erfüllen. Das Ereignis „Sebastian kommt in den Keller" können sie jedoch nicht stoppen. Wenn nun auch der Zuschauer bezüglich des Zeitpunkts dieses Ereignisses uninformiert bliebe, würde die Antizipation deutlich geschwächt. Um die Spannung zuzuspitzen, wird dem Zuschauer wieder ein Wissensvorsprung gewährt. Damit stellt sich eine Suspense-Situation mit zunehmender Zeitverknappung ein: Dem Publikum wird erneut die Anzahl der Flaschen angezeigt – nur noch fünf. Eine Minute Erzählzeit später sind es nur noch drei Flaschen. So gewinnt der Zuschauer immer mehr an

Sicherheit, dass die Flaschen tatsächlich nicht reichen werden. Analog zu dem Beispiel aus THE BIRDS richtet sich diese Spannungsdramaturgie auf die zeitliche Ausformulierung der Gefahr und die zunehmende Wahrscheinlichkeit des negativen Ausgangs.

Das wechselnde Informationsverhältnis zwischen dem Zuschauer und den Protagonisten in NOTORIOUS (Abb. 6) führt uns vor Augen, dass es nicht entscheidend ist, ob der Zuschauer besser informiert ist als der Protagonist, sondern wie viel der Zuschauer über den möglichen Ausgang der Spannungssequenz zu wissen *glaubt*. Die Spannung in der vorliegenden Szene stellt sich bereits ein, als die Protagonisten noch gleichermaßen über die Gefahr informiert sind. Das Wissen um eine mögliche Katastrophe bleibt den Figuren auch nach Betreten des Kellers erhalten. Das Entscheidende bei der anschließenden Suspense-Situation ist nicht, *dass* der Rezipient mehr weiß als der Protagonist, sondern *was* er über die verbleibende Zeit weiß und welchen Ausgang der Sequenz er daraufhin als wahrscheinlich bewertet. NOTORIOUS steigert die Spannung nur durch einen *graduellen* Wissensvorsprung: Die Protagonisten sind nicht so ahnungslos wie der Junge in SABOTAGE. Was die Informationsstände jedoch unterscheidet, ist die zeitliche Antizipation des negativen Ausgangs. Durch die zusätzlichen Informationen über den Flaschenvorrat kann der Zuschauer einschätzen, dass der Zeitpunkt der Katastrophe näher rückt, während die Protagonisten diesbezüglich im Unklaren sind.

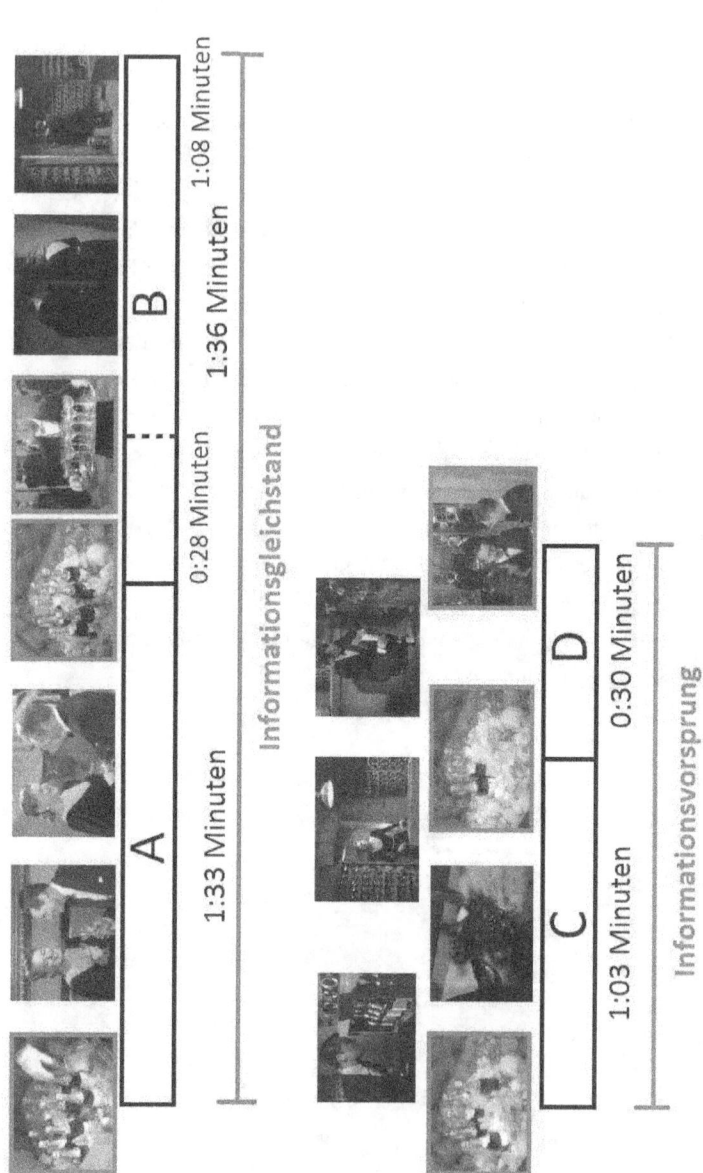

Abb. 6: Zeitverknappung in Form von Flaschen in NOTORIOUS. Das Näherrücken des Zeitpunkts der „Katastrophe" wird durch die sinkende Flaschenanzahl wahrgenommen.

Die zeitliche Verknappung innerhalb der erzählten Zeit wird in NOTORIOUS weniger stringent narrativiert als in SABOTAGE. Die Szene verzichtet auf die Genauigkeit und Verlässlichkeit von Uhrzeiten (in Anlehnung an Lahde 2012, 252). Die Zeitverknappung lässt sich nicht in Stunden, Minuten oder Sekunden darstellen, eine exakte Einschätzung der verstrichenen und der verbleibenden erzählten Zeit ist sowohl unmöglich als auch unnötig, da die Einstellungen auf die Champagnerflaschen nämlich dennoch eine starke zeitliche Antizipation ermöglichen. Sie vermitteln den Eindruck von Zeitnot in symbolischer Form. Nicht konkrete, objektive Zeitaussagen (nur noch zwei Minuten, bis die Bombe explodiert) verdeutlichen die prekäre Lage, sondern die subjektive Wahrnehmung und Antizipation des Zuschauers (nur noch drei Flaschen – jetzt muss Sebastian gleich in den Keller). Auch im Bezug auf das Verhältnis zwischen Erzählzeit und erzählter Zeit können keine eindeutigen Aussagen getroffen werden. In 1:33 Minuten Erzählzeit sinkt der Bestand von elf auf sieben Flaschen, danach reduziert sich die Anzahl um jeweils zwei Flaschen, einmal nach 1:36 Minuten und das zweite Mal schon in 1:06 Minuten. Daraus lässt sich keine Regel aufstellen, z.B. dass es nach einer Minute (Erzählzeit) zwei Flaschen weniger sind. Eine Beschleunigung des Erzähltempos ist zwar festzustellen, wenn der Vorrat schon innerhalb einer Minute Erzählzeit wieder um zwei Flaschen sinkt und der Barmann daraufhin nach nur 30 Sekunden *screen time* bereits Sebastian Bescheid gibt. Im Vergleich zu SABOTAGE ist Hitchcocks Zeitführung allerdings eher als vage zu bewerten. Gleichwohl erhöht sie sukzessive die Wahrscheinlichkeit des negativen Ausgangs und damit die Intensität der Antizipation. Die Unbestimmtheit der Deadline ist dem Spannungserlebnis durchaus zuträglich. In dem unregelmäßig sinkenden Flaschenvorrat steckt trotz des indexikalischen Wertes eine gewisse Unberechenbarkeit:

> Der Countdown selbst ist oft die einzig verlässliche Größe in einer von ihm selbst ausgelösten dramaturgischen, narrativen, handlungs- und chronologischen Entfesselung. Er steckt einen festen Rahmen ab, innerhalb dessen die erzählte Zeit nach Belieben gestreckt und gequetscht werden darf [...] In uns Zuschauern weckt er widersprüchliche Wünsche und Erwartungen (Lahde 2012, 255).

Je konkreter die Zeitangaben zu einer Deadline sind, desto leichter fällt dem Rezipienten die Hypothesenbildung bezüglich des Eintritts der Katastrophe. Im Falle von NOTORIOUS ist der Zuschauer allerdings zu starker kognitiver Mitarbeit aufgefordert. Durch die Unbestimmtheit der *erzählten Zeit* wird mehr *Erzählzeit* benötigt, um das Auslaufen der Deadline für das Publikum deutlich zu machen. Da ein objektiv bewertbarer Zähler fehlt, ist die zeitliche Antizipation hier wesentlich subjektiver geprägt, weswegen weniger zusätzliche Ereignisse eingeschoben werden (müssen), um das persönliche Spannungserlebnis zu steigern. Während in SABOTAGE die Einstellungen auf den unschuldig gefährdeten Protagonisten, den Verkehrsstau sowie das Paket mit der Bombe dramaturgisch notwendig sind, um die sachliche Zeitführung emotional zu verstärken, wird in NOTORIOUS auf derartige Einschübe verzichtet. Sobald Alicia und Devlin den Weinkeller betreten, wechselt sich dieses Ereignis lediglich mit den Einstellungen auf die Flaschen ab. Auch hier ist eine diegetische Verzögerung der Problemlösung zu verzeichnen: Bei seiner Inspektion des Weinkellers zerbricht Devlin versehentlich eine mit Uran gefüllte Flasche. Der Problemlöseprozess der Figuren wird durch die anschließende Aufräumaktion aufgeschoben. Der Zuschauer erhält während der für die Spurenbeseitigung aufgewandten Erzählzeit die benötigten Sekunden oder Minuten, um die Situation auf Grundlage der Informationen über den Flaschenbestand zeitlich einzuschätzen. Aufgrund der fehlenden Stringenz der Zeitnot-Situation ergeben sich die Wahrscheinlichkeit der Katastrophe und die Vorwegnahme des Zeitpunkts nicht automatisch, sondern diese müssen erst erarbeitet und abgewogen werden. Diese Bedingungen sorgen in NOTORIOUS für ein anderes Spannungserlebnis als in SABOTAGE, obgleich beide Szenen mit einer Deadline arbeiten. In NOTORIOUS bildet die Unsicherheit über den zeitlichen Schadenseintritt die Grundlage für Spannungsaufbau und -steigerung. Die Bus-Szene in SABOTAGE hingegen spielt von vornherein mit einem sicheren Zeitpunkt der Katastrophe, in dessen Nähe die Spannungssituation durch emotionalisierende Bilder dramatisch zugespitzt wird.

Obgleich sich die bisherigen Beispielszenen aus SABOTAGE und NOTORIOUS hinsichtlich der Genauigkeit des Zeitzählers unterscheiden, ist ihnen gemeinsam, dass die Deadline jeweils *explizit* angekündigt und ausformuliert werden. Der Zuschauer kann das Auslaufen der diegetischen Frist durch die formale Auflösung der Szenen nachverfolgen und zeitbezogene Antizipationen bilden. Auch das unter 4.1.2 angeführte Beispiel aus REAR WINDOW ließe sich als Deadline-Situation bewerten, insofern der Protagonist unter Zeitdruck und in Erwartung eines gefährlichen Ereignisses agiert. Die Schritte auf dem Flur haben für Protagonist und Zuschauer zweifelsohne einen indexikalischen Wert. Dieses akustische Signal symbolisiert das „Herunterzählen" der Zeit, ähnlich einer tickenden Bombe. Allerdings wird es, wie bereits erwähnt, sowohl im diegetischen als auch im formalen Sinne widersprüchlich eingesetzt. Aufgrund der Unzuverlässigkeit des Zählers sowie der recht kurzfristigen Einführung von Zeitnot ist diese Deadline-Situation nicht konsequent ausgearbeitet. Das Deadline- oder Zeitdruck-Motiv kann allerdings noch sehr viel weniger ausdrücklich eingeführt und narrativiert werden. REAR WINDOW liefert hierfür ein weiteres Beispiel in der vorgelagerten Sequenz: Jeff konnte mittels einer List den mutmaßlichen Mörder Lars Thorwald aus dem Haus locken. Er selbst nimmt an, dass es ungefähr 15 Minuten dauert, bis dieser zurückkommt. Seine Komplizen Lisa und Stella nutzen die Zeit, um in den Blumenbeeten im Hof nach Leichenteilen zu suchen, die Thorwald des Mordes an seiner Frau überführen könnten. Als sie nicht fündig werden, klettert Lisa kurzerhand durch ein offenes Fenster in Thorwalds Apartment. Während sie die persönlichen Sachen des Verdächtigen nach dem Ehering von Mrs. Thorwald durchsucht, kehrt dieser bereits zurück. Jeff und Stella beobachten mit Schrecken, wie Thorwald sein Apartment betritt und Lisas Flucht vereitelt.

Die hier etablierte Deadline wird zwar angekündigt, ist aber von Latenz und hoher Unzuverlässigkeit geprägt. Noch weniger objektiv als die Champagnerflaschen in NOTORIOUS kann sich der Zuschauer lediglich auf Jeffs Vorgabe von 15 Minuten „verlassen", die sich auf die erzählte Zeit beziehen. Die Szene gibt im Gegensatz zu den bisherigen drei Beispielen keinen Zähler an, der über die verbleibende Zeit bis zu Thorwalds Rückkehr informieren könnte. Dadurch bleibt ein hoher Unsicherheitsgrad bestehen, weil der „Service" des Countdowns (vgl. Lahde 212, 252) ausbleibt. Zudem wird die Szene allem Anschein nach zeitdeckend erzählt. Die Übereinstimmung von Erzählzeit und erzählter Zeit, signalisiert durch das Privatkonzert in einer Nachbarwohnung, erleichtert in diesem Fall die zeitliche Antizipation, insofern keine Differenz von *screen* und *plot duration* miteinkalkuliert werden muss. Die Entwurfstätigkeiten des Zuschauers richten sich zunächst auf die Frage, *wann* Thorwald zurückkommen wird. Die Unsicherheitssituation verschärft sich jedoch, als sich Lisa in das fremde Apartment begibt und damit einer potenziellen Katastrophe aussetzt. Der Einsatz wird nun sprichwörtlich erhöht: Der Figur droht nicht nur die Entlarvung, sondern möglicherweise auch körperliche Gefahr. Kurz darauf bestätigt sich die Unzuverlässigkeit der Deadline: Bereits 5 Minuten nach Verlassen des Gebäudes kehrt Thorwald, von Lisa zunächst unbemerkt, zurück. Hier setzt eine Suspense-Situation mit schlagartiger Zeitverknappung ein, infolge derer auch die Wahrscheinlichkeit der Katastrophe augenblicklich steigt. Interessanterweise fallen dabei nicht nur die Informationsstände von Figur und Zuschauer, sondern auch unter den Figuren, auseinander – wenngleich nur für kurze Zeit. Gemeinsam mit den Figuren Jeff und Stella weiß das Publikum bereits zehn Sekunden vor Lisa über die brenzlige Lage Bescheid. Je nachdem, mit welcher Figur der Zuschauer sein situationsbezogenes Wissen abgleicht, ergibt sich ein anderes Informationsgefälle. Die plötzliche Spannungssteigerung wird durch zwei simultan wahrgenommene Informationsgrade besonders unerträglich: Der Zuschauer teilt mit Jeff den Schrecken über Thorwalds Rückkehr und die Erwartung einer (schlimmstenfalls) gewaltsamen Eskalation. Gleichzeitig entwirft er eine zweite Situationsdefinition aus Sicht der (noch) ahnungslosen Lisa. Dass dieses Konstrukt nur wenige Sekunden lang aufrechterhalten wird und der Informationsausgleich sehr schnell erfolgt, ist vermutlich der potenziellen Überforderung des Zuschauers angesichts der komplexen Informationsverteilung geschuldet. Die Spannung flacht mit dem Wissensausgleich zwischen den Figuren aber nicht zwingend ab. Nach der doppelten Situationsdefinition kann sich die Antizipation wieder darauf konzentrieren, *ob* und *wann* Lisa erwischt wird und *wie* der mutmaßliche Mörder damit umgehen wird. Die Möglichkeit einer tödlichen Konsequenz ist noch nicht so stark ausgeprägt wie in der anschließenden Sequenz, wenn er Jeff in dessen Apartment aufsucht. Die Gefahr ist zwar konkret an eine bestimmte Figur gebunden; deren mörderisches Potenzial ist zu diesem Zeitpunkt der Diegese allerdings noch unbestätigt. Die den Unsicherheitsgrad bestimmenden Informationen sind vom Zeitpunkt abhängig, zu dem sie gegeben werden, und reichen für eine maximale Wahrscheinlichkeit der Katastrophe noch nicht aus. Nachdem Thorwald gegenüber Lisa handgreiflich wurde und diese den Ehering seiner Frau als Beweis für deren Ermordung gefunden hat, wird dieser noch sehr viel bedrohlicher eingeschätzt als zuvor. Das Wissen über den Antagonisten ist erst jetzt soweit zugespitzt, da die anschließende Szene in der Makrostruktur des Films den Höhepunkt darstellt. Mit diesem *show-down* wird das Filmende eingeläutet, weshalb der Tod des Protagonisten gemäß den Genre- und Erzählkonventionen nun maximal wahrscheinlich ist (in Anlehnung an Wulff 1994, 100). Im übertragenden Sinne trifft hier die filmübergreifende Handlungslinie um den Mordfall auf ihre Deadline.

Eine weitere implizite Form von Zeitdruck im Finale eines Films findet sich in THE MAN WHO KNEW TOO MUCH. Die Eheleute Ben und Josephine „Jo" McKenna sind in der Botschaft des Premierministers eingeladen, nachdem Jo dessen Ermordung verhindern konnte. Sie vermuten, dass die Attentäter ihren Sohn Hank im selben Gebäude gefangen halten. Sängerin Jo gibt für die Botschaftsgäste eine Vorstellung am Klavier, in der Hoffnung, dem Sohn ihre Anwesenheit signalisieren zu können.

Im Gegensatz zu den Protagonisten weiß der Zuschauer durch vorherige Szenen bereits, dass sich Hank und seine Entführer, das Ehepaar Drayton, tatsächlich in der Botschaft aufhalten – und noch mehr: Der kleine Junge soll umgebracht werden, um alle Spuren der Verschwörung zu beseitigen. Es besteht in dieser Szene ein *gradueller* Wissensvorsprung, da die Zuschauer *faktisch* über die Gefahr informiert sind, während die Situationsdefinition der Protagonisten lediglich auf Vermutungen aufbaut. Die Deadline bezüglich Hanks Leben ist allein dem Zuschauer gewahr und nur sehr schwach formuliert. Unklar bleibt zunächst, wie viel Zeit die McKennas noch haben, um ihren Sohn zu retten. Auch hier kann die verbleibende Zeit nicht mittels eines Motivs heruntergezählt werden. Die Ausformulierung der Frist findet erst statt, als Mr. Drayton sich auf den Weg macht, den Jungen für seine Ermordung abzuholen – eine weitere Information, die dem Zuschauer vorbehalten ist. In der folgenden Einstellung macht sich Ben ebenfalls auf den Weg zu Hanks Versteck, nachdem dieser durch Pfiffe auf sich aufmerksam machen konnte. Analog zum obigen Beispiel aus REAR WINDOW setzt die Forcierung von Zeitnot sehr plötzlich ein, wenn zuvor keine derartigen Informationen vorlagen. Nach dem nunmehr explizit angekündigten Mord sowie dem simultan startenden Rettungsversuch wird der Zuschauer in seiner zeitlichen Antizipation allein gelassen. Es folgen keine weiteren Hinweise, wer Hank als Erster erreichen wird – sein Vater oder sein „Henker"? Stattdessen folgt eine Einstellung von Mrs. Drayton, die mit Hank in einem abgeschlossenen Raum wartet, die in der Länge deutlich von der bisherigen Schnittfrequenz abweicht (vgl. Anhang Nr. 3). Die Kamera folgt ihr, während sie an der Tür lauscht, zum Fenster hinausblickt und sich schließlich beschützend neben dem Kind niederlässt. Die sichtbare Unruhe und Nervosität der Figur spiegelt die Unsicherheit des Zuschauers angesichts dieser langen Wartezeit (etwa 40 Sekunden) wider. Wie schon bei THE BIRDS und REAR WINDOW sorgt auch hier wieder Gesang, nämlich der von Jo, die gesamte Sequenz über für den Echtzeiteindruck. Dieser scheint also nicht nur bei Verzögerungen, sondern auch bei *latenten* Deadlines die integrale Voraussetzung für die zeitliche Antizipation zu sein. Da ein aussagekräftiger Indikator für die verrinnende erzählte Zeit fehlt, müssen die Ereignisse in ihrer „natürlichen Länge" (vgl. de Wied 1991, 15) repräsentiert werden, um dem Zuschauer eine adäquate Zeiteinschätzung zu ermöglichen. Im Falle impliziter Deadlines kann die Zeit also nicht „nach Belieben gestreckt und gequetscht werden", wie es bei expliziten Countdown-Situationen nach Lahde (2012, 255) möglich ist. Erzählzeit und erzählte Zeit müssen in den Spannungskonstrukten aus

REAR WINDOW und THE MAN WHO KNEW TOO MUCH deckungsgleich sein, da ein verlässliches Motiv fehlt, um ihre Diskrepanz anzuzeigen. Mehr noch als in NOTORIOUS ist der Zuschauer durch das Aussetzen eines Zählers im höchsten Maße verunsichert und kognitiv gefordert. Aufgrund der stark defizitären Zeitinformationen muss er die Ausformulierung der Deadline, die Einschätzung von Zeitnot und Wahrscheinlichkeiten fast komplett selbst übernehmen.

### 4.3 Informationsgefälle und Zeitdramaturgien – ein Zwischenfazit

Im vorliegenden Analyseteil konnten die zwei Schichten „Information" und „Zeit" der Spannungsdramaturgie differenziert betrachtet und auf ihre Zusammenhänge untersucht werden. Hinsichtlich der beiden Grundkonzepte zeitgebundener Spannung konnten Variationen und Abstufungen ausgemacht werden, die erstens sich aus situationsbezogenen Informationen ergeben und zweitens den Unsicherheitsgrad des Zuschauers bestimmen.

1. Das situationale Informationsgefälle zwischen Figur und Zuschauer steht im Zusammenhang mit dem zeitlichen Fortschritt der Problemsituation. Solange die Gefahrenlage noch entwickelt und die Figur nicht mit ihr konfrontiert wird, ist das Publikum im informationellen Vorteil. Die Phase der Ausformulierung ist durch einen *absoluten* Wissensvorsprung und der Untätigkeit der Figur gekennzeichnet, insofern der Protagonist nicht weiß, dass er in Gefahr schwebt (THE BIRDS, erster Teil der Maisfeldszene in NORTH BY NORTHWEST, SABOTAGE). Die Erzählzeit wird auf die Konkretisierung oder Entfaltung der bedrohlichen Situation verwendet, je nachdem, wie viel der Zuschauer im Vorfeld der Spannungsszene über die mögliche Katastrophe erfahren hat. Sobald sich die betreffende Figur mit der Gefahr konfrontiert sieht, wird die informationelle Diskrepanz aufgehoben. Mit dem Wissensausgleich zwischen Publikum und Figur tritt die Problemlösephase ein, da der Protagonist angesichts der brenzligen Situation nun aktiv handelt (zweiter Teil der Maisfeldszene in NORTH BY NORTHWEST, STRANGERS ON A TRAIN, REAR WINDOW). Die zwei Phasen der Spannungsdramaturgie sind nicht immer trennscharf – sie können sich auch überschneiden. Während die Protagonisten bereits mit der Problemlösung beschäftigt sind, werden weitere Informationen zur zeitlichen Ausformulierung der Gefahr nachgereicht (NOTORIOUS, THE MAN WHO KNEW TOO MUCH). In diesen Fällen wurde ein *gradueller* Informationsvorsprung auf Seiten des Publikums festgestellt. Die Situationsdefinitionen von Figur und Zuschauer weichen nicht fundamental voneinander ab, doch sind die Protagonisten nicht über den zeitlichen Fort-

schritt der Gefahrenlage informiert. Die untersuchten Spannungsdramaturgien unterscheiden sich also nicht nur hinsichtlich ihrer Zeitstrategien, sondern auch durch die zeit- oder phasengebundene Informationsverteilung unter den Teilnehmern und Beobachtern der Handlung (Abb. 7).

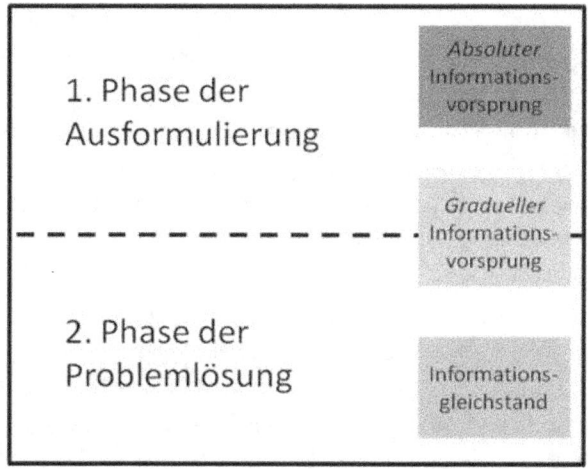

Abb. 7: Zeitliche Informationsverteilung in Spannungsszenen (eigene Darstellung). In der Entwicklungsphase verfügt der Zuschauer über einen absoluten Wissensvorsprung, der mit Eintritt der Problemlösephase aufgehoben wird und in einen graduellen Wissensvorsprung oder Informationsgleichstand übergehen kann.

2. Verzögerungen und Deadlines beziehen sich auf Gefahrensituationen, die mit dem Erzählmotiv des Aufschubs bzw. des Zeitdrucks verknüpft sind. Der Aufschub kann auf einfache oder doppelte Weise erfolgen: Notwendige Bedingung für die Wahrnehmung einer Verzögerung in Spannungsszenen sind zeitdeckendes Erzählen und die formale Darstellung. Im filmischen Diskurs werden dem Zuschauer Informationen vorenthalten oder Ereignisse vermeintlich verspätet repräsentiert. Die Erzählzeit stimmt mit der erzählten Zeit überein, doch wird sie „unverhältnismäßig" verteilt: Weniger wichtigen Handlungen wird mehr *screen time* eingeräumt als üblich, um die zeitliche Antizipation der Gefahr zu verstärken. Die gespannte Erwartung neuer signifikanter Informationen kann allein durch formale Mittel wie Montage erzeugt werden – die *einfache* Verzögerung ist nur für den Zuschauer spürbar (THE BIRDS, STRANGERS ON A TRAIN). Bei einer *doppelten* Verzögerung erfolgt der Aufschub auch in der Diegese, insofern sich der Protagonist in einer War-

te-Situation befindet (NORTH BY NORTHWEST) oder selbst für die Verzögerung sorgt (SABOTEUR). Auch ein diegetischer Aufschub ist durch die Ausdehnung der Erzählzeit für vermeintlich unwesentliche Ereignisse gekennzeichnet. Hinausgezögert wird hierbei jedoch ein noch ausstehendes Ereignis, wohingegen bei einer einfachen Verzögerung Informationen über den Fortschritt eines bereits stattfindenden Ereignisses temporär vorenthalten werden. Der Unsicherheitsgrad dürfte jeweils davon abhängen, wie stark die Erzählzeit für die eingeschobenen Ereignisse verlängert wird.

3. Deadlines können anhand ihres Ausformulierungsgrades differenziert werden. Zeitdruck-Situationen variieren hinsichtlich der Genauigkeit des Zeitindikators und der Narrativierung verrinnender Zeit. Die untersuchten expliziten Deadlines werden ausdrücklich angekündigt und durch eine konsequente Darstellung von Zeitverknappung dem Höhepunkt entgegen geführt. In der Diegese wird ein Zeitpunkt für die antizipierte Katastrophe festgelegt. Die Annäherung der erzählten Zeit an diesen Zeitpunkt wird durch ein ebenfalls im Vorfeld festgelegtes Motiv dargestellt. Dadurch erhält der Zuschauer einen Indikator für die verbleibende (erzählte) Zeit, wodurch die Erzählzeit beliebig verlängert oder verkürzt werden kann – je nachdem, was der Zuspitzung der Spannung dient. Als Zeitzähler können nicht nur Uhrzeiten (SABOTAGE), sondern auch andere filmische Elemente mit Symbolcharakter fungieren (NOTORIOUS). Im letztgenannten Fall ist der Zeitindikator ungenauer und unzuverlässiger, was den Unsicherheitsgrad hinsichtlich der zeitlichen Antizipation erhöht. Noch stärker gefordert wird der Zuschauer, wenn eine Zeitdruck-Situation nur latent vorliegt, d.h. die Deadline nicht deutlich markiert und/oder die verrinnende Zeit nicht durch ein bestimmtes Motiv narrativiert wird (REAR WINDOW, THE MAN WHO KNEW TOO MUCH). Je weniger Informationen über den Zeitpunkt der Katastrophe und die verbleibende Zeit zur Rettung vorliegen, desto größer der Grad der Verunsicherung und desto stärker sind die Verstehens- und Entwurfstätigkeiten des Zuschauers gefordert (siehe Abb. 8). Kann die Differenz von Erzählzeit und erzählter Zeit nicht durch ein filmisches Element angezeigt und überbrückt werden, muss wiederum ein Eindruck von Echtzeit gewährleistet werden, um die zeitliche Antizipation überhaupt zu ermöglichen.

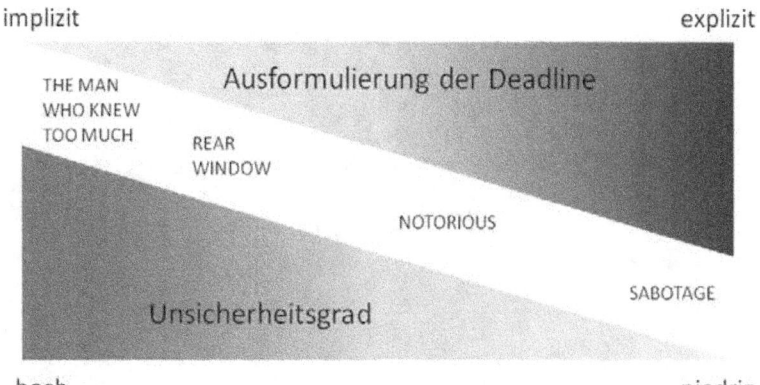

Abb. 8: Je konkreter die Deadline ausformuliert und narrativiert wird, desto weniger Unsicherheit besteht über den potenziellen negativen Ausgang der Spannungssequenz (eigene Darstellung).

Die oben beschriebenen Regelwerke und Zusammenhänge der Faktoren „Information" und „Zeit" verstehen sich als Thesen zum Forschungsfeld der Spannungsdramaturgie, die auf Grundlage der analysierten Sequenzen aus NORTH BY NORTHWEST, NOTORIOUS, REAR WINDOW, SABOTAGE, SABOTEUR, STRANGERS ON A TRAIN, THE BIRDS und THE MAN WHO KNEW TOO MUCH angestellt wurden. Hinsichtlich des Informationsgefälles zwischen Zuschauer und Figur sowie der Zeitkonzepte Verzögerung und Deadline traten sowohl Abstufungen und Diskrepanzen als auch Analogien und Gemeinsamkeiten zutage. Es lässt sich bereits bei diesen beiden Schichten der Analyse auf ein variables dramaturgisches Feld schließen. Die situationale Spannungsanalyse soll im Folgenden um den Faktor „Raum" ergänzt werden, um weitere Abhängigkeiten und Kombinationen zu erarbeiten. Die kommenden Abschnitte folgen der Logik einer „Rückkehr zum Tatort", d.h. die bisher untersuchten Szenen werden nochmals unter einem neuen Gesichtspunkt betrachtet.

## 5. Raumstrategien in Spannungssituationen

Raum und Zeit ergänzen sich gegenseitig. Speziell im Film wird der Raum „im höchsten Grade dynamisiert [...]" Beide Koordinaten als Montagefunktionen im Suspense, angefüllt mit der operativ-inhaltlichen Dimension, zum Ausdruck gebracht durch das Näherrücken der vermeintlichen Katastrophe, machen auch die handlungspsychologische Dimension aus (Borringo 1980, 87).

In der Analyse wurde bisher dargelegt, inwiefern die zeitliche Auflösung von Spannungsszenen den situationalen Problemraum beeinflusst. Nun wird Zeit gerade im Film über die visuelle und akustische Repräsentation von Räumen (Straßen, Plätze, Zimmer usw.) wahrgenommen. Das „szenische Nahfeld" (Wulff 1993a, o.S.) der Figuren bildet den unmittelbaren Handlungsraum, innerhalb dessen erzählte Zeit und Erzählzeit erfahrbar bzw. wirksam werden. Daher bildet „Raum" in Spannungsszenen einen weiteren signifikanten Faktor im „Bezugsnetz von situativ-szenischen Größen, das durch Auflösung gewonnen und in der Inszenierung instrumentiert werden muß" (ebd., o.S.). Zur dramaturgischen Effektivität kann die räumliche Darstellung der Gefahrensituation ebenso beitragen wie die o.g. zeitlichen Aspekte. Dabei gilt es einerseits, dem nur in seiner Zweidimensionalität vorliegenden Filmraum eine „sinnliche Eindrücklichkeit" (Türschmann 2002, 101) zu verleihen, um dem Publikum den Entwurf einer bedrohlichen oder bedrohten Räumlichkeit zu ermöglichen. Auf der anderen Seite steht der situationale Filmraum, analog dem Verhältnis von *screen duration* zu *plot* und *story duration*, in Beziehung mit der (räumlichen) Gliederung des filmischen Werkes (vgl. Wulff 1999a, o.S.). I.d.R. folgt der fiktionale Film einem sogenannten „Globalplan", der sich auf die Makrostruktur des Textes bezieht: „'Globalpläne' bilden die relevanten strukturellen Kontexte, in denen die Funktionalisierung subordinierter Handlungspläne festgemacht werden kann" (ebd., o.S.). Gemeint sind damit Erzählmuster und Genre-Zuschreibungen, welche die filmische Handlung mehr oder weniger konsequent strukturieren: *Unschuldig beschuldigt* oder *innocent-on-the-run*, Einzimmerdramen, Verschwörungsthriller u.v.m. Für den Filmraum bedeutet dies, dass alle Handlungsorte in ein raumdramaturgisches Gesamtkonzept eingebettet sind. So beschreibt ein Erzähltext unter dem Motiv „Unschuldig beschuldigt" konventionellerweise eine Flucht quer durch das Land, wobei zahlreiche verschiedene Räumlichkeiten dargestellt werden und einander als Zufluchts- oder Gefahrenorte ablösen – so geschehen in Alfred Hitchcocks THE 39 STEPS, SABOTEUR oder NORTH BY NORTHWEST. Einzimmerdramen oder *limited-setting*-Filme wie REAR WINDOW beschränken ihr Arsenal hingegen auf wenige oder singuläre Räume, welche sowohl die Handlungsmöglichkeiten der Figuren einschränken als auch den semantischen Status wechseln können. In Spannungsszenen können diese globalen Konzepte situativ verstärkt und dramatisiert oder aber konterkariert werden. Dieser Hypothese soll im Folgenden ebenso nachgegangen werden wie der Frage, welche Raumkonzepte und -dynamiken zur Spannungssteigerung genutzt werden können. Eine populäre Strategie ist die Verengung des Raums und die damit verbundene Beklemmung des Protagonisten: Die räumliche Eingrenzung kann durch Engpässe im vorfilmischen Raum, der Suche nach einer Öffnung im vermeintlich geschlossenen Setting oder der tatsächlichen Veränderung der Raumkonturen, etwa durch näher rückende Wände, umgesetzt werden (vgl. Türschmann 2002, 102). In besonderer Beziehung stehen hierbei meist *onscreen* und *offscreen space*, insofern die Rettungsmöglichkeiten zunächst außerhalb des Sichtfelds bleiben (ebd., 108). Im Abschnitt 5.2.1 wird die Dramaturgie der Raumverengung u.a. anhand von REAR WINDOW genauer untersucht. Während sich Jörg Türschmanns Ausführungen allerdings auf die *physische* Raumverengung beziehen, ist in Hitchcocks Spannungsszenen vor allem die *symbolische* Eingrenzung des Raums von Bedeutung. Aus diesem Grund wird in den situationalen Analysen das unter 2.2 beschriebene Konzept des Handlungsraums Anwendung finden. In Gefahrensituationen ist der Handlungsraum jedoch nicht zwangsläufig auf das Prinzip der Verengung festgelegt, noch muss er singulär bleiben. Eine weitere gängige Spannungsdramaturgie ist die Alternation von zwei Handlungslinien an unterschiedlichen Orten, die schlussendlich aufeinandertreffen (vgl. Wulff 1999b, o.S.). Dabei wird die Diskontinuität des Handlungsortes mit der kontinuierlichen Zusammenführung der beiden Handlungsräume, der „direktionalen Einheitlichkeit" (ebd., o.S.) der Montage, kompensiert. Der relevante Aktionsraum kann also innerhalb einer Szene vervielfältigt oder erweitert werden, sich verschieben oder unverändert bleiben. Die folgende Analyse unterscheidet daher in statische und dynamische Raumdramaturgien. Letztere wiederum werden nach den Konzepten der Eingrenzung und Erweiterung differenziert. Die Entwicklung des figurenbezogenen Aktionsraums hängt von situativen Umständen und Komplikationen ab. Zweifelsohne spielen die kombinatorischen Möglichkeiten von Informations-, Zeit- und Raumstrategien dabei eine wesentliche Rolle. Laut Wulff (1993a, o.S.) korrespondiert bspw. die Verengung des Raums mit einer Verknappung der Zeit – eine These, die er an einer typischen Rettung-in-letzter-Sekunde-Szene aus einem James-Bond-Film illustriert. Tatsächlich ist dies eine höchst stringente Strategie zur Spannungssteigerung, da hierbei die „Drehschrauben" von Raum und Zeit gewissermaßen in dieselbe Richtung gedreht werden, um die bange Erwartung der Katastrophe immer weiter zu steigern: Der mögliche Aktionsraum der Figuren verkleinert sich, ebenso wie das verbleibende Zeitfenster zur Rettung. Tatsächlich sollte die filmische Behandlung des Raumes mit jener der Zeit korrespondieren, um eine effektive Spannungsdramaturgie zu entfalten, die das Furcht-versus-Hoffnung-Prinzip hinreichend erfüllt (in Anlehnung an Borringo 1980, 87). Doch die simultane Raum- und Zeitverknappung stellt lediglich eine unter vielen Möglichkeiten dar, da in diesem Extremfall die Angst um die Figuren die Hoffnung auf deren Rettung fast gänzlich verdrängt. Andere Modulationen dieser jeweils extremen Raum- und Zeitstrategien wägen Furcht und Hoffnung weniger eindeutig gegeneinander ab, müssen darum aber nicht weniger spannend wirken. Denn die (mögliche) Wirkung von räumlichen Problemsituationen sowie des figuralen Handlungsraums wird durch die Kamera- und Montagearbeit sowie über den signifikanten Einsatz von Ton maßgeblich beeinflusst. Für die Analyse der dramaturgischen Komponente „Raum" werden die unter 2.2 genannten Komponenten *shot, editing* und *sonic space* auf ihren Beitrag zur Darstellung des Handlungsraums untersucht: Sie bilden das formale Werkzeug zur Betrachtung der Spannungsszenen.

**5.1 Der invariante Handlungsraum**
Filme mobilisieren die Wahrnehmungs- und Entwurfstätigkeiten des Zuschauers im Dienste der Erzählung (vgl. Bordwell 1985, 99). Unter der Prämisse der Zweckmäßigkeit werden Ereignisse nicht aus beliebig vielen Perspektiven oder in ihrer räumlichen Vollständigkeit wiedergegeben, sondern spielen sich in einem begrenzten Bildareal ab. Einerseits ist der vorfilmische Raum, das Setting, von vornherein genau abgesteckt, andererseits wird der Filmraum durch das Hinzutreten der Kamera nochmals beschränkt: „[…] the frame makes the image finite. The film image is bounded, limited. From an implicitly continuous world, the frame selects a slice to show us […]" (Bordwell/Thompson 2008, 187). Jedem einzelnen filmischen Ereignis wird also nicht nur ein bestimmtes Ausmaß an Erzählzeit zugedacht, sondern auch eine bestimmte Reichweite, ein (begrenzter) räumlicher Horizont, zugewiesen. Das Maß seiner zeitlichen und räumlichen Ausdehnung bildet eine dramaturgische Handlungseinheit, die in Bezug auf den frühen Film als „Locus" bezeichnet wird (vgl. Wulff 1999a, o.S.). Angelehnt an die Tradition der Theaterbühne wurden

in den Anfängen der Filmgeschichte Handlungsorte in einer singulären Einstellung wiedergegeben. Die Kamera verweilte in rechtwinkeliger Position zum Setting und konnte den vorgegebenen Bildausschnitt lediglich vergrößern oder verkleinern, jedoch nicht perspektivisch verändern. Die Dynamisierung des Raums geschah allein über die Handlungen der Figuren innerhalb des Locus, der Aktionsraum war demnach vom Kameraraum losgelöst (ebd.). In Alfred Hitchcocks REAR WINDOW wird dieses Prinzip statischer Cadrage aufgegriffen: Der an den Rollstuhl gebundene Protagonist Jeff verbringt den Tag damit, seine Nachbarn durch die Fenster zu beobachten. Während die jeweilige Bildeinstellung bereits Fragmente des gemeinsamen Innenhofes auswählt, bildet jedes Fenster einen weiteren Frame, dem sowohl Jeff als auch der Zuschauer nur Teile der Nachbarswohnungen und der dort stattfindenden Ereignisse entnehmen können. Durch diese Dopplung des kinematographischen Framings wird REAR WINDOW als Analogie für die Position des Kinozuschauers verstanden (vgl. Bordwell 1985, 40). Tatsächlich überlagern sich Jeffs Situation und die des Zuschauers: Beide Parteien müssen aus den sichtbaren Fragmenten einen Raum rekonstruieren. Zum einen muss der Zuschauer das Areal des Innenhofes zusammensetzen, zum anderen versucht er gemeinsam mit dem Protagonisten, das Geschehen hinter den Fenster der Nachbarn nachzuvollziehen, was die Imagination einer konsistenten Räumlichkeit mit einschließt. Während der Innenhof als Raum jedoch durch die Bewegung der Kamera, z.B. durch gelegentliche Fahrten und Schwenks, für den Zuschauer erfassbar wird, bleiben die Einstellungen auf die Innenräume den kompletten Film über invariant: Die Perspektive sind stets dieselben, die Fenster-Frames sind fixiert und unbeweglich. Wenn Jeff mit seinem Kameraobjektiv in die Wohnung des Mörders schaut, wird durch den Zoom eine Veränderung der Distanz-Nähe-Verhältnisse vorgespiegelt. Über die Räumlichkeit der Wohnung geben diese Einstellungen nichts Neues preis. Die Fenster entbehren der Dynamik der Kamera, welche den *shot space* üblicherweise erweitert (vgl. Bordwell 1985, 114). Sie sind gewissermaßen nur halbe *moving images*, insofern sich zwar die Figuren darin bewegen, der Bildraum aber keine Erweiterungen zulässt. Die Metapher des Voyeurs mag für REAR WINDOW durchaus zutreffen, ist allerdings eine unzureichende Analogie für die Zuschauersituation im Allgemeinen. Der Fensterblick lässt die dynamischen Möglichkeiten der Kamera und die damit verbundenen Privilegien hinsichtlich Perspektive und Bewegung außer Acht. Da REAR WINDOW dem Zuschauer diese Privilegien jedoch vorenthält (in Bezug auf die Einblicke in die Wohnungen von Jeffs Nachbarn variiert die Position der Kamera nur wenig), befindet sich dieser in der gleichen restriktiven Situation wie der Protagonist, dem wesentliche Informationen über Raum und Handlung fehlen. Dem Publikum wird durch die singuläre Perspektive auf die Nachbarwohnungen gewissermaßen die Rolle des Voyeurs aufgezwungen. Die Fensterframes ähneln den Loci der frühen Filmgeschichte, sie bilden die „dramatische Einheiten von Raum, Zeit und Handlung" (Wulff 1999a, o.S.) und lassen weder Einstellungswechsel noch Raumtotalen zu. Dennoch sind die Aktionen innerhalb dieser Frames „entsprechend auf die Sichtbarkeit für die Kamera angelegt" (ebd., o.S.): Protagonist und Zuschauer können trotz der begrenzten Einstellung erstaunlich viel Handlung verfolgen: den Ehestreit der Thorwalds, die Partys bei „Miss Torso", das desaströse Rendezvous von „Miss Lonelyhearts" und den darauffolgenden Selbstmordversuch, etc. Häufig stehen in REAR WINDOW mehrere Loci innerhalb einer Kameraeinstellung nebeneinander. Für die Konstruktion von Spannungssituationen ist dies nicht unwesentlich: Wenn Jeffs Freundin Lisa das Apartment des mutmaßlichen Mörders inspiziert, bewegt sie sich durch drei Räume respektive Frames: Küche, Wohn- und Schlafzimmer. Ihr Aktionsraum ist von den invariablen Fenster- oder Kameraräumen unabhängig, da sie deren bildliche Grenzen überwindet und zeitweilen – als Thorwald zurückkehrt – sogar zwischen den Frames verschwindet (Abb. 9 bis 12). Jeffs „Handlungsraum" hingegen ist komplett abgelöst von den beobachteten Bildräumen. Er beschränkt sich auf die reine Ansicht der Loci. So bleibt auch die Darstellung der Spannungssituation in Thorwalds Wohnung auf die Perspektive des Protagonisten Jeff beschränkt. Die nebeneinanderstehenden Frames enthalten ihm und dem Zuschauer die Darbietung eines Raum-Horizontes jenseits der Fensterrahmen vor. Auch dies unterscheidet sie vom filmischen Bild, dessen Ränder grundsätzlich offen sind und zur „Synthese mit anderen Ansichten des Raums" (Wulff 2009, 151) streben. Die Generierung des sogenannten *master space* durch die Kontextualisierung der Raumausschnitte, also deren „Verbindung mit anderen Ansichten und anderen Ausschnitten des Geschehens" (ebd.), ist für den Zuschauer nur sehr begrenzt möglich. Trotz der Dynamik von Lisas Handlungsraum bleibt der Umgebungsraum der Apartmentausschnitte *offscreen*. REAR WINDOW widerspricht an dieser Stelle der grundsätzlich „zentrifugalen Ausrichtung des Filmbildes" (Wulff 1999a, o.S.). Im Gegensatz zur üblichen Raumdarstellung im Film folgt der Montageraum nicht den Handlungen der aktiven Figur. Die singuläre Darstellung des Gefahrenraums verdeutlicht vielmehr die Invarianz von Jeffs Aktionsraum. Die Unbeweglichkeit der Kamera spiegelt die räumliche Gebundenheit des Protagonisten, seine Unfähigkeit, der Freundin zu Hilfe zu kommen. Das Drama spielt sich außerhalb seiner Reichweite ab, bleibt aber dennoch auf ihn bezogen. Einstellungs- und Montageraum orientieren sich hier ausschließlich an Jeffs Perspektive. Die Einstellungen auf Lisa werden durch seine Blicke motiviert, die Bilder folgen dem bewegten Aktionsraum entlang seines (möglichen) Sichtfelds. Es gibt keine Ansichten innerhalb Thorwalds Apartment, keine zusätzlichen Rauminformationen. Auch in dieser nervenaufreibenden Spannungsszene bleibt REAR WINDOW seiner „räumlichen Prämisse" treu: Die Szene ist, wie fast der gesamte Film[3], *intern fokalisiert*, d.h. die „visuelle Erzählinstanz zeigt in etwa *so viel* wie eine Figur weiß" (Kuhn 2011, 123, Herv. i. O.) oder sehen kann. Kurz: Der Zuschauer sieht, was Jeff sieht (vgl. Bordwell 198, 41). Er muss die bühnenähnlichen Raumansichten sowie die Trennung des Kameraraums von den Aktionsräumen der restlichen Figuren akzeptieren.

Abb. 9 bis 12: In den unbeweglichen Fensterframes verschiebt sich der Aktionsraum der Figur Lisa, wohingegen der Handlungsraum des Protagonisten Jeff invariant bleibt.

Diese konsequente Abkopplung von Bild- und Handlungsraum ist im Erzählkino bei weitem nicht üblich. Mit dem Einsatz von Einstellungs- und Perspektivwechseln sowie der Nutzung von Kamerabewegung wurde sie im Laufe der Filmgeschichte immer weiter aufgehoben (vgl. Wulff 1999a, o.S.). Der Handlungsraum ist durch die multiperspektivische und dynamische Auflösung einer Szene nicht länger

---

[3] Ausnahmen bestätigen die Regel: Einige wenige Szenen, in denen der Protagonist schläft, weichen von der internen Fokalisierung der Erzählung ab, siehe dazu Bordwell 1985, 40ff.

vom Kameraraum ablösbar. Vielmehr bedingen sich beide nun gegenseitig: Einerseits geben die Aktionen der Figuren die Bewegung des Kameraums vor, andererseits kann auch die Kamera Handlungsmöglichkeiten suggerieren. I.d.R. sind sowohl der szenische Raum als auch der figurenbezogene Spielraum mobil und bewegen sich miteinander fort. Daher fällt es umso stärker auf, wenn eines von beiden unbewegt bleibt. Die Invarianz des Handlungsraums kann in einer Gefahrensituation zum Spannungserlebnis beitragen. Denn die Immobilität einer Figur angesichts des näher rückenden Unglücks mindert logischerweise deren Chancen auf Rettung. Dass die Protagonistin in THE BIRDS auf der Bank vor der Schule verharrt und unbeirrt, wenngleich sichtlich nervös, weiter raucht, fördert deutlich die Wahrscheinlichkeit der antizipierten Katastrophe. Das Spannungspotenzial der Szene wird auf der räumlichen Ebene durch die *Nähe* der Gefahr gekennzeichnet. Die wachsende Vogelschar ist, salopp ausgedrückt, nur einen Steinwurf weit von Melanie entfernt. Außerdem befindet sich direkt nebenan die Schule. Während das Gebäude die Kinder noch mittels eines Innenraums von der Gefahr abschirmt, ist Melanie den potenziell aggressiven Vögeln schutzlos ausgesetzt. Diese Lageverhältnisse werden sorgfältig etabliert (Abb. 13-14). Die Gefahr und das gefährdete Subjekt sind an ein und demselben Handlungs*ort* versammelt. Diese Szene spiegelt damit auch den „Globalplan" des Films wider: Die Handlung von THE BIRDS spielt sich im Großen und Ganzen exklusiv an einem Ort ab, der Kleinstadt Bodega Bay.

Abb. 13 und 14: Etablierung der proxemischen Raumverhältnisse von Figur und Bedrohung an einem Ort.

Interessanterweise wird die räumliche Lage zwischen Melanie und den Vögeln nach den o.g. Einstellungen nicht erneut visualisiert. Es folgen Bilder, die exklusiv die rauchende Protagonistin oder die sich potenzierende Gefahr zeigen. Die beiden Frames sind von starker „Ausschnitthaftigkeit" (Wulff 1999a, o.S.), ihre Bildinhalte überschneiden sich nicht. Dennoch bleiben sie eine dramaturgische Einheit, einmal durch die vorhergehenden Einstellungen (siehe Anhang Nr. 1), andererseits durch die optimale Montage. Wird dem Publikum gerade Melanie gezeigt, hat es gleichzeitig noch die Vögel auf dem Klettergerüst „vor Augen". „Vom Bild wird auf das außerhalb des Bildes liegende Raumsegment verwiesen [...]. Die Beziehung, die die Indikation des Raums außerhalb des Bildes ermöglichen, sind von zweierlei Art – zum einen gehören sie zum visuellen Feld selbst, zum anderen basieren sie auf der Einheit von Bild und Ton" (ebd., o.S.). Die Einstellungen auf die Vögel oder Melanie bilden den „Raum-Horizont" des jeweils anderen. Zu einer dramaturgischen Einheit von Zeit, Raum und Handlung werden sie außerdem durch den Kindergesang zusammengefasst, der die ganze Szene andauert. Neben der Vermittlung zeitlicher Kontinuität ist der Ton auch funktional für die räumliche Kohärenz. Der *sonic space* sichert das Hintergrundbewusstsein der unmittelbaren Bildumgebung. Eine so umfassende Vergegenwärtigung des Raum-Horizonts dient nach Wulff der „Prästrukturierung von Verstehens- und Aneignungsoperationen" (ebd., o.S.): Sie sorgt für Orientierung, lenkt die Kalkulation der Gefahrensituation sowie des Handlungsverlaufs und sorgt für ein gewisses Maß an „Betroffenheit" (ebd., o.S.). Die vorliegende Szenenauflösung in THE BIRDS konzentriert die Entwurfstätigkeiten des Zuschauers auf die räumliche Nähe und Quantität der Vögel. Damit verstärkt sie die Antizipation einer Katastrophe an Ort und Stelle, wohingegen keine Informationen über mögliche Fluchtwege gegeben werden. Der szenische Raum bleibt durch die wenigen verschiedenen Einstellungen stark beschränkt.

Obgleich der *sonic space* sicherstellt, dass die Szene als raumzeitliche Einheit wahrgenommen wird, sorgen *shot* und *editing space* gleichzeitig für einen künstlichen Zerfall des Handlungs*ortes* in zwei Handlungs*räume*. Das Ereignis wird durch die Montage seziert und in zwei Teilhandlungslinien aufgegliedert. Ein Zusammentreffen ist durch den gemeinsamen Handlungsort bereits gegeben. Die Ereignisse „Melanie raucht" und „Vögel sammeln sich auf dem Klettergerüst" gehören zu einem szenischen Raum, werden aber durch ihre differenten Bildräume getrennt. Der Handlungsraum der Protagonistin steht scheinbar „neben" dem *Gefahren*raum der Vögel. Der Kameraraum macht indes nicht von der Mobilität des Mediums Gebrauch. Der „akute Handlungsraum" (Wulff 1999a, o.S.) bleibt statisch, die wiederholten Einstellungen führen die Teilhandlungslinien von Melanie und den Vögeln nicht zusammen. Melanies Aktionsraum gerät erst durch den Informationsausgleich in Einstellung 11 in Bewegung: Nachdem sie die Unmenge an Vögeln auf

dem Gerüst entdeckt hat, flüchtet sie in die Schule. Bis dahin verändert sich der *Problemraum* lediglich durch die Fortentwicklung der Bedrohung. Der Spannungsprozess folgt dem Aufbau eines festen Problemraums, der sich im Laufe der Erzählzeit nicht wesentlich wandelt, dafür aber immer detaillierter ausformuliert wird (in Anlehnung an Wulff 1993a, o.S.).
Mit der Unbeweglichkeit des Spielraums scheint in THE BIRDS auch der Kameraraum immobilisiert. Das statische Raumkonzept stützt sich auf den Informationsrückstand der Figur. Die Invarianz des Handlungsraums wirkt umso quälender, da sich Melanie bewegen und von der Gefahr entfernen *könnte*. Sie ist weder körperlich eingeschränkt wie etwa der Protagonist in REAR WINDOW, noch im Gefahrenraum eingeschlossen wie der Junge mit der Bombe in SABOTAGE. Die Passivität des Letzteren wird durch die Verschließung des Gefahrenraums in der Bus-Szene dramatisiert. Erstens werden durch die Busfahrt die Handlungsmöglichkeiten schon im vorfilmischen Raum minimiert. Die Spannungsdramaturgie ist dahingehend an das Motiv der ungewollten Gefangenschaft angelehnt, insofern die Figur in einem geschlossenen Raum festgehalten wird (in Anlehnung an Traber/Edling 2012, 238). Zweitens wirkt der Aktionsraum durch die immergleichen Einstellungen auf Stevie noch kleiner. Der *shot space* im Bus wird im Laufe der Szene kaum abgewandelt oder bewegt. Diese statische räumliche Darstellung mag sicherlich auch den technischen Möglichkeiten oder dem Budget im Produktionsjahr 1936 geschuldet sein. Nichtsdestotrotz ist sie hochgradig funktional, steigert sie doch die Wahrscheinlichkeit der antizipierten Katastrophe, indem sie die Deadline-Struktur der Szene durch die Minimierung der Flucht- und Rettungsmöglichkeiten verschärft. Kontrastiert wird der verschlossene Innenraum des Busses durch die Dynamik des Außenraums. Die Zwischenschnitte auf öffentliche Uhren und den Straßenverkehr zeigen nicht nur die schwindende Zeit bzw. diegetische Verzögerungen an. Sie zerlegen – analog zum obigen Beispiel aus THE BIRDS – die Handlungslinie in zwei Aktionsräume. Damit verdeutlichen sie auf der einen Seite die physische Trennung des invariablen Handlungsraums der Figur von dem variierenden Umgebungsraum. Auf der anderen Seite zeigen sie deren Nähe zueinander an und fügen dem Problemraum noch mehr Bestandteile hinzu (Stau, rote Ampel). Die Einstellungen „nach außen" verweisen außerdem auf einen potenziellen *Fluchtraum*, der, wie auch die verbleibende Zeit bis zur Explosion, von der Figur nicht (mehr) genutzt wird. Steve macht nicht von dem – in der filmischen Gefangenenthematik verankerten – Recht Gebrauch, einen Fluchtversuch zu unternehmen (in Anlehnung an ebd., 237). Sein

Handlungsraum kann sich nicht verändern oder verschieben, da er nicht über seine Rolle als Gefangener aufgeklärt ist. Die informationelle Strategie der Suspense resultiert zwangläufig in der Immobilität der gefährdeten Figuren. Sowohl Melanie in THE BIRDS als auch Stevie in SABOTAGE zeigen aufgrund ihres *absoluten* Informationsdefizits kein situationsgerechtes Verhalten. Ihre Ahnungslosigkeit führt zu einem invarianten Raumverhalten. Folglich scheint auch der Kameraraum gebunden zu sein und in „dramaturgischer Gefangenschaft" zu stehen.

In den diskutierten Spannungsszenen aus THE BIRDS und SABOTAGE wird ein singulärer Handlungsort durch die Aufteilung des Bildraumes in zwei Aktionsräume gegliedert. Anders als bei der konventionellen Alternation von zwei Handlungslinien ist in den besagten Beispielen keine „Direktionalität des Handelns" (Wulff 1999b, o.S.) erkennbar. Die formal getrennten Teilhandlungslinien bewegen sich trotz Kontinuitätsmontage nicht aufeinander zu, sie laufen scheinbar nebeneinander her. Die wenigen Handlungen der Protagonisten sind durch deren Unwissen weder zielgerichtet noch problembezogen: Melanie wartet auf der Bank und raucht, Stevie spielt mit dem Hund seiner Sitznachbarin. Diese minimalen Tätigkeiten entbehren jeder (räumlichen) Direktionalität, sie sind informationsarm, was den Entwurf weiterer Handlungsverläufe erschwert. Die Invarianz des szenischen Raumes lässt kaum Interpretationen über dessen Funktionalität oder Nutzbarkeit zu (in Anlehnung an ebd., o.S.). Währenddessen konzentrieren sich die Verstehens- und Entwurfstätigkeiten verstärkt auf die zeitliche Zuspitzung der Situation, da hier mehr oder weniger kontinuierlich Informationen gereicht werden. Ganz anders verhalten sich die Teilnehmer in der Karussell-Szene aus STRANGERS ON A TRAIN: Durch die lebensgefährliche Fahrt und die Fluchtunmöglichkeit bleibt der Handlungsraum der Figuren Guy und Bruno zwar ebenfalls stark begrenzt. Auch sie sind eingeschlossen im Gefahrenraum und nur eingeschränkt bewegungsfähig. Dennoch sind ihre Handlungen direktional, da ihre gewaltsame Auseinandersetzung auf den globalen Höhepunkt des Films hinausläuft: Wer wird das Spiel gewinnen? Kann Guy seine Unschuld beweisen? Hinzu kommt die Alternation dieses finalen Kampfes zwischen Protagonist und Antagonist mit dem Rettungsversuch des alten Mannes unter der Drehscheibe. Die Handlung des Letzteren ist strikt auf die Problemlösung bezogen und damit zielgerichtet – sie haben folglich einen hohen informativen Wert für die Handlungsentwürfe des Zuschauers. Die Montage stellt zudem einen räumlich-kausalen Zusammenhang zwischen den Ereignissen A und D her (siehe auch 4.1.1): Die Einstellungen auf den alten Mann *unter* der Drehscheibe sind an den

Punkten platziert, wenn sich der Kampf *auf* der Drehscheibe zuspitzt. Die kurzen *cutaways* auf die Parallelhandlung D interagieren mit der dominierenden Handlung A, da sie hochgradig relevant für deren Fortgang sind (vgl. ebd., o.S.). Besonders effektiv erscheinen sie, als Bruno droht, Guy vom rasenden Karussell zu stoßen (Abb. 15-22) – der angstvollen Erwartung der Katastrophe wird die Aussicht auf baldige Rettung entgegengesetzt. Die Montage orientiert sich am Prinzip der „matched-action" (ebd., o.S.): Die strategische Platzierung der *cutaways* auf Ereignis D sorgt für „Kohäsionseffekte" (ebd., o.S.), die beiden Teilhandlungen werden in ein Abhängigkeitsverhältnis gestellt. Mit der steigenden Wahrscheinlichkeit einer tödlichen Konsequenz in Ereignis A steigt auch die zeitliche Dringlichkeit der Problemlösung durch Ereignis D.

Abb. 15 bis 22: Direktionale Handlungen und „matched-action" in der finalen Spannungsszene von STRANGERS ON A TRAIN. Die Montage erzeugt „Kohäsionseffekte" zwischen den Parallelhandlungen.

In der Karussell-Szene werden zwei Aktionsräume miteinander koordiniert, in denen die Akteure, konfrontiert mit der Gefahr und daher im Wissensgleichstand mit dem Zuschauer, auch tatsächlich problembezogen handeln und die Spannungsszene ihrer Resolution entgegenführen. Diese richtungsweisende Funktion der Figurenhandlungen wird in THE BIRDS und SABOTAGE nicht erfüllt – weder auf zeitlicher noch auf räumlicher Ebene. Entgegen der üblichen Konventionen haben die Teilnehmer der Handlung im Suspense-Fall keine Kontrolle über dieselbe. Der Zuschauer bemerkt diese situationale Ohnmacht und den Verlust figurengetriebener Handlungsfortgänge. Alfred Hitchcock zufolge (vgl. Truffaut 1967, 52) kann dies dem Spannungsempfinden nur zuträglich sein. Das Ausbleiben neuer raumbezogener Informationen und zielgerichteter Handlungen erwirkt offensichtlich eine starke Involvierung des Publikums, da sich dessen eigene Einflusslosigkeit auf das Geschehen durch die Passivität der Protagonisten sozusagen verdoppelt. Die richtungsweisende Funktion fällt indes verstärkt anderen filmischen Elementen zu: Die wachsende Anzahl der Vögel oder die öffentlichen Uhren geben eine sehr spezifische Handlungsrichtung vor, der keine figuralen Gegenhandlungen entgegengestellt werden. In der Bus-Szene aus SABOTAGE erzeugt außerdem die Tonebene das Gefühl einer (ziel-)gerichteten Bewegung der Filmbilder (in Anlehnung an Chion 1990, 16): Die non-diegetische Musik steuert die emotionale Zuspitzung der Situation, indem sie die Einstellungen auf die Uhren tonal markiert und zum Ende der Deadline immer weiter anschwillt (vgl. Anhang Nr. 2). Der *offscreen sound* sorgt hier für eine „Vektorisierung" der Einstellungen (ebd., 16), er impliziert und forciert den weiteren Problemraum: Die Schlinge zieht sich zu.

Den bisher diskutierten Raumdramaturgien ist gemein, dass sie die jeweilige Szene in zwei Aktionsräume, den Gefahrenraum und den figuralen Handlungsraum, einteilen. THE BIRDS trennt die Gefahr und das gefährdete Subjekt über separate Einstellungsräume voneinander. Die Bus-Szene in SABOTAGE spielt zusätzlich mit der physischen Trennung von Innen- und Außenraum. Das Schema zweier sich aufeinander zu bewegender Handlungsräume wird rein formal abgerufen, da diese in unmittelbarer Nähe zueinander liegen und sich nur im übertragenen Sinne aufeinander zu bewegen. Die Weinkeller-Szene in NOTORIOUS alterniert hingegen zwei Handlungslinien, zwischen denen allerdings tatsächlich eine gewisse Entfernung liegt, die auf den vorfilmischen Raum zurückzuführen ist. Die relative Lage der Getränke-Bar im Festsaal der Sebastians zum Weinkeller kann der Zuschauer aus den Handlungen der Protagonisten Alicia und Devlin sowie seinem realweltlichen „Raumwissen" (vgl. Wulff 1999b, o.S.) ableiten. Die Sequenz ist räumlich gegliedert in ein „Hier" und ein „Dort". Das „Hier" zeigt den Handlungsraum der Hauptfiguren an, der relativ klar auf den Keller fixiert ist. Die Bedingung des direktionalen Handelns wird hier insofern erfüllt, dass die Protagonisten erstens auf das Globalziel des Films, die Enttarnung der Nazi-Spione, hinarbeiten und zweitens wissentlich unter Zeitdruck agieren. Das „Dort" hingegen beschreibt den noch inaktiven Aktionsraum des Antagonisten Sebastian, der die beiden im Keller erwischen könnte. Diese beiden Handlungsräume werden durch die Montage miteinander koordiniert und durch den Zuschauer raumzeitlich kalkuliert (in Anlehnung an ebd., o.S.). Ihre räumliche Annäherung wird über den Zeitzähler der Champagnerflaschen angekündigt. Der Gefahrenraum selbst bleibt (noch) unbewegt, seine Aktivierung rückt jedoch immer näher: Je weniger Flaschen an der Bar vorhanden sind, desto wahrscheinlicher das Zusammentreffen der beiden Handlungsräume. Die schlussendliche Zusammenführung stellt in diesem Fall allerdings die Negativ-Lösung der Spannungssituation dar und ist demnach unerwünscht. Wie unter 4.2.2 erläutert, richten sich die figuralen Problemlöseversuche nicht auf den Eintritt des Gefahrenereignisses. Hauptsächlich sind Alicia und Devlin in dieser Szene mit der globalen Zielstellung beschäftigt, die geheimen Machenschaften der Nazi-Spione aufzudecken. Situationsbedingt ist ihr Handlungsraum auf den Weinkeller fixiert, insofern sie nicht gehen können oder wollen, ehe sie ihre Mission erfüllt haben. Je länger sie im „Hier" verweilen, desto „knapper" wird die Situation aus zeitlicher und räumlicher Sicht. Die Ankunft des Antagonisten am Handlungs*ort* des Weinkellers ist unvermeidlich. Vielmehr gilt es, den „Zusammenstoß" mit dem anderen Handlungsraum zu verhindern, also die räumliche Trennung aufrechtzuerhalten. Die Protagonisten müssen der Katastrophe zeitlich und räumlich entgehen, sprich den Keller vor Sebastians Ankunft verlassen. Die metaphorische „Bombe" darf hochgehen, doch die Figuren müssen sicherstellen, sich vorher ausreichend weit entfernt zu haben.

Die diskutierten Szenen wurden unter dem Punkt „Der invariante Handlungsraum" subsummiert. Diese Invarianz bezieht sich einerseits auf die Unbeweglichkeit der Figuren und andererseits auf die formale Darstellung. Die Einstellungen variieren im Falle von REAR WINDOW, THE BIRDS oder SABOTAGE nur minimal, die Kamera bleibt unbewegt. Zwischen *onscreen* und *offscreen space* wird ein stringentes, weil konstantes und invariables Verhältnis etabliert. Der Aktionsraum wirkt dadurch statisch, was durch die Nicht-Bewegung der Protagonisten nochmals betont wird. Das Verweilen der Figur am Gefahrenort kann zweierlei motiviert sein: Entweder durch einen *Informationsrückstand* (THE BIRDS, SABOTAGE), wobei die Strategie der Suspense das figurale Raumverhalten und die invariante Darstellung begründet. Oder aber durch die *Bewegungsunfähigkeit* der Figuren, die sich *situativ* ergeben kann (NOTORIOUS, STRANGERS ON A TRAIN) oder als *permanentes* Handicap fungiert (REAR WINDOW). Die Diskrepanz zwischen Motivation und Möglichkeit der Bewegung (von Figur und Kamera gleichermaßen) beschreibt das Spannungspotenzial des invarianten Handlungsraums. Der *Problemraum* der genannten Szenen wird hauptsächlich durch auslaufende Deadlines oder verzögerte (Auf-)Lösungen definiert. Der Zuwachs an Details auf zeitlicher Ebene verändert die räumliche Gefahrensituation allerdings nicht. Der Handlungsraum „verfestigt" sich. Diese situative Immobilität wird über den kontinuierlichen Einsatz von Einstellungen, Montage und Ton vermittelt: Der Bildraum enthält meist gleiche oder ähnliche Informationen (SABOTAGE); über den Raum-Horizont wird nur wenig preisgegeben (REAR WINDOW). Der Tonraum gibt keine Hinweise auf eine Veränderung der Gefahrensituation und dient eher dem Eindruck räumlicher und zeitlicher Kontinuität (THE BIRDS). *Shot, editing* und *sonic space* bilden ein klar abgegrenztes szenisches Feld, das nur wenige Handlungsalternativen und -entwürfe seitens des Zuschauers ermöglicht. Dieser raumbezogenen Eingrenzung der Handlungsmöglichkeiten steht das transformative Potenzial von Einstellungs-, Montage- und Tonraum gegenüber, das im Folgenden untersucht werden soll.

**5.2 Transformationen des Handlungsraums**
Das Drama der unter 5.1 angeführten Situationen besteht in der unveränderten Lage von Gefahr und gefährdeter Subjekte zueinander. Die Invarianz des Handlungsraums in SABOTAGE, THE BIRDS und REAR WINDOW geht auf die Passivität der Protagonisten zurück. Unterstützt wird der Eindruck räumlicher Stagnation durch den limitierten Einsatz visueller und akustischer Mittel. Auch die jeweilige Bedrohung ist von begrenztem räumlichem Ausmaß. Die Bombe in SABOTAGE ist bereits in unmittelbarer Nähe des unschuldigen Jungen – und bleibt dort. Der Problemraum wird gerade durch diese Invariante derart festgezogen, dass sich die Spannungssituation zunehmend zugunsten der Furcht um die Figur entwickelt. In NOTORIOUS dürfte sich das Verhältnis von Angst und Hoffnung ausgewogener gestalten, solange die Gefahr noch nicht aktiviert ist. Auch die Vögel auf dem Klettergerüst, obgleich von steigender Anzahl, bleiben an Ort und Stelle, der Angriff auf die Protagonistin bleibt (zunächst) aus. Die Gefahr erhält ihre „Dynamik" auf der zeitlichen Ebene, indem mit den Erwartungen des Publikums bezüglich des Zeitpunkts der Katastrophe gespielt wird (THE BIRDS, SABOTAGE, NOTORIOUS). Die Invariante des Bild- oder Handlungsraum steht im Dienste eines klar definierten Zeitkonzepts. Sie stützt sich eher auf eine generelle Handlungsohnmacht als auf eine Veränderung der Handlungsmöglichkeiten. In den folgenden Analysen werden diejenigen Szenen betrachtet, deren Spannungspotenzial durch räumliche Dynamiken maßgeblich geprägt und modifiziert wird. Diese zeichnen sich vor allem durch situative Komplikationen aus, die das „Erwartungsfeld" (Wulff 1993a, o.S.) des Zuschauers ver-

ändern. Sowohl der Handlungsraum als auch der Problemraum unterliegen dabei diegetischen und formalen Umgestaltungen, die es zu differenzieren gilt.

### 5.2.1 Jetzt wird es eng – Klaustrophobische Raumdynamiken

Schon beim invarianten Handlungsraum wurden verschiedene Möglichkeiten aufgedeckt, das zeitliche Spannungskonzept einer expliziten Deadline oder einer formalen Verzögerung zu unterstützen – und das, obwohl sich weder Aktions- noch Problemraum wesentlich wandelten. In den o.g. Szenen wird die Gefahrensituation durch den Faktor „Raum" unterstützt, jedoch nicht verändert oder verkompliziert. Die Bedrohung ist entweder bereits zu nah (THE BIRDS, SABOTAGE) oder (noch) zu fern (NOTORIOUS, REAR WINDOW), um die Handlungsentwürfe in eine andere Richtung zu lenken. Eine Veränderung des Umgebungsraumes deutet handlungsrelevante Komplikationen an. Das Konzept der Raumverengung wird in der Spannungsforschung nicht umsonst so häufig erwähnt, da hierbei der Spielraum einer Figur durch äußere Faktoren verkleinert und ein Gefühl der Ausweglosigkeit erzeugt wird. Das Näherrücken der Katastrophe bezieht sich auf die *zentripetale* Bewegung der Gefahr. Sie dringt auf den Handlungsraum des Protagonisten ein, schließt ihn ein, bedrängt ihn – die klassische Situation der näherkommenden Wände. Wie allerdings unter 5. erwähnt, fußt die filmische Raumverengung nicht zwangsläufig auf physischen Bedingungen. In Alfred Hitchcocks Filmen kommt eine stoffliche Veränderung des Raums, etwa durch Engpässe und bewegliche Wände, kaum vor. Die Verkleinerung des figuralen Aktionsraums ist symbolisch und wird durch formale Mittel ins Bild gesetzt. I.d.R. geschieht dies durch eine simultane Einschränkung von Bildraum und Raum-Horizont, d.h. die gezeigten Raumausschnitte werden kleiner, *onscreen* und *offscreen space* rücken zusammen. Eine solche stilistische Maßnahme findet sich bereits in der Szene aus THE BIRDS: Die Perspektive der Kamera ändert sich zwar nicht, allerdings rückt jede neue Einstellung auf Melanie ein Stück näher heran. Das Näherkommen der Katastrophe – zeitlich dargestellt durch die steigende Anzahl der Vögel – wird durch den schrumpfenden *shot space* für die Protagonistin verdeutlicht. Der *Frame* manipuliert das Verständnis der Szene (vgl. Bordwell/Thompson 2008, 182), da er die Verdichtung der Gefahr veranschaulicht und scheinbar auch räumlich wirksam macht.

Abb. 23 bis 26: Die stückweise Verkleinerung des Bildraums mit jeder neuen Einstellung symbolisiert das Näherrücken einer Katastrophe.

Die Verringerung des Einstellungsraums suggeriert eine Verkleinerung des Aktionsraums der Figur. Dennoch ist dies lediglich eine *scheinbare*, weil rein formale Raumverengung, tatsächlich bleibt Melanies Handlungsraum bis zur Entdeckung der Vögel unverändert. Das Näherrücken der Kamera an die Protagonistin ist nicht durch eine Bewegung der Vögel motiviert. Durch die räumliche Invarianz der Gefahr verändert sich auch der sinnbildliche Problemraum nicht. *Shot* und *editing space* zeigen keine Veränderung der Handlungsmöglichkeiten an, insofern sich die Figur (noch) nicht durch die Gefahr bedrängt sieht.

Anders verhält es sich mit dem Bild- und Montageraum in der Ballszene aus SABOTEUR. Die Protagonisten Barry und Pat sind bemüht, sich aus den Fängen der Saboteure, die sie im Haus von Mrs. Sutton festhalten, zu befreien. Als sie jedoch zum Ausgang eilen, wird dieser durch Mitglieder der Verschwörung versperrt. In ihrer Verzweiflung flüchten die beiden in den vollen Ballsaal und mischen sich unter die Gäste. Nach einigen missglückten Hilfegesuchen erblicken sie am Treppenabsatz erneut ihre Widersacher. Zudem ist das Wachpersonal auf sie aufmerksam geworden. Der szenische Raum wird in dieser Sequenz ganz klassisch über eine figurengebundene Montage hervorgebracht. Die Bilderfolge ist klar an den Handlungen der Protagonisten orientiert. Die Kamera folgt ihren Bewegungen, der Wechsel von *onscreen* zu *offscreen space* wird über ihre Blicke organisiert. Dadurch werden lediglich diejenigen Ausschnitte des Raum-Horizonts gezeigt, die für die aktuelle

Handlung relevant sind (vgl. Bordwell 1985, 113). In dieser Szene ist die Darstellung des Umgebungsraums weitestgehend an die Blickstrukturen gebunden. Wann immer ein neuer Raumausschnitt gezeigt wird, ist er durch das vorhergehende oder anschließende Bild als *point of view shot* legitimiert (Abb. 28-37). Das Raum- und Orientierungsschema folgt der Logik einer unmarkierten Subjektivierung über Blickmontage (vgl. Wulff 1999a, o.S.)[4]. Das Publikum sieht quasi simultan mit den Figuren, wie Fluchtmöglichkeiten schwinden. Unterschiedliche Komplikationen in der Diegese erwirken den Eindruck räumlicher Einengung: Raumstrukturierende Elemente wie Türen und Treppen werden systematisch blockiert, von mehreren Seiten nähern sich die Saboteure, um die Helden wieder einzufangen. Der Spielraum der Protagonisten wird auf zweifache Weise fortwährend verkleinert: Zum einen *verschließt* sich der Gefahrenraum durch das Abschneiden der Fluchtwege. Hierbei wird abermals das Motiv der Gefangenenschaft symbolisch umgesetzt. Zum anderen findet eine dynamische *Bedrängung* statt. Die Gefahr – hier in Form von verschiedenen antagonistischen Figuren – bewegt sich zentripetal auf die Figuren zu, kreist sie langsam, aber sicher ein:

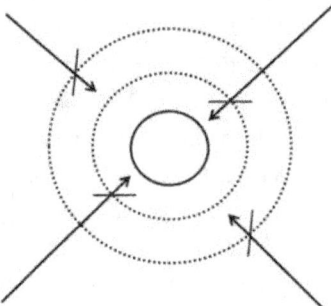

Abb. 27: Grobes Schema einer verengenden Raumdynamik am Beispiel von SABOTEUR (eigene Darstellung). Die Bewegungen der Antagonisten schneiden Fluchtwege ab und verkleinern den Spielraum der Protagonisten.

---

[4] Hans-Jürgen Wulff unterscheidet hinsichtlich der Subjektivierung von Raumansichten in markierte und unmarkierte POV-Shots. Ein markierter POV würde z.B. durch den Rahmen eines Schlüssellochs gekennzeichnet werden, wohingegen unmarkierte POVs durch eine spezifische Folge von Einstellungen (A: Blickende Person, B: angeblicktes Objekt) erschlossen werden können (vgl. Wulff 1999a, o.S.).

Weiterhin unterscheidet sich diese Spannungssituation von den invarianten Raumstrategien, da die Protagonisten aktiv versuchen, der Gefahr zu entgehen. Barry und Pat machen, im Gegensatz zu Stevie in SABOTAGE, von ihrem Recht Gebrauch zu fliehen (vgl. Traber/Edling 2012, 237). Sie handeln nicht nur problem- sondern situationsbezogen. Dies unterscheidet sie auch von Alicia und Devlin in NOTORIOUS, welche in der Weinkeller-Szene zwar ebenfalls problembezogen handeln, dabei aber vor allem auf das Globalziel des Films hinarbeiten und nur teilweise über den aktuellen Problemraum informiert sind. Der Informationsstand von Barry und Pat hingegen wird mittels der *POV-Shots* vollständig mit dem des Zuschauers synchronisiert, was die räumliche Bedrängnis effektiv zur Geltung bringt: „[…] the space can be limited by setting bounds on a character's knowledge" (Bordwell 1985, 125). Was die Figuren nicht an Handlungs- oder Fluchtmöglichkeiten sehen, wird dem Zuschauer nicht gezeigt. Ähnlich wie in REAR WINDOW ist diese Szene einer *internen Fokalisierung* der visuellen Erzählinstanz (VEI) unterworfen. Die Filmbilder geben in etwa das wieder, was die Figuren sehen (vgl. Kuhn 2011, 123). Die erwähnten innerdiegetischen Komplikationen beschränken den Montageraum zunehmend. Einmal im Ballsaal angekommen, ist der Handlungsraum auf dieses Setting begrenzt. Die „kontextuelle Bindung" (Wulff 1999a, o.S.) der Filmbilder bezieht sich exklusiv auf den „kohäsiven Feldzusammenhang" (ebd.) zwischen den Einstellungen auf die Figuren und die offensichtlich subjektivierten Shots.

Abb. 28 bis 37: Die Raumverengung in SABOTEUR wird über eine blickgeleitete Bildchoreographie des Montageraums vermittelt. Figuren und Zuschauer erhalten dieselben Rauminformationen.

Die Befürchtungen des Publikums werden durch die Logik der POV-Shots optimal gesteuert. Mit jedem erschrockenen Blick der Hauptfiguren kann es eine neue räumliche Komplikation erwarten. Die kontinuierlichen Informationen über die zunehmende Einschränkung des Aktionsraums schränken folglich auch die Entwurfsmöglichkeiten bezüglich des Handlungsverlaufs ein. Die strikt figurenbezogene Raumentfaltung erlaubt keine sehr umfassende Synthese einer Raumvorstellung. Der Raum-Horizont erweist sich einmal mehr als essenziell für die Hypothesenbildung und Erwartungen des Zuschauers (vgl. Wulff 1999a, o.S.): Indem er parallel zur näherkommenden Gefahr schrumpft, grenzt er die Handlungsmöglichkeiten deutlich ein. Die zentripetale Direktionalität des Gefahrenraums läuft der grundsätzlich zentrifugalen Ausrichtung des Filmbildes zuwider. Besonders deutlich wird dies, wenn sich die Protagonisten, um Zeit zu gewinnen, unter die Tänzer mischen. Dieser Szenenabschnitt wurde unter 4.1.2 auf seine diegetische Verzögerung der Spannungsauflösung untersucht. Die zweiminütige Einstellung ist auch aus räumlicher Sicht höchst interessant, insofern sie die Verengung des Handlungsraums durch eine geradezu intime Bildgröße anzeigt. Der *shot space* folgt den Tanzbewegungen von Barry und Pat konsequent in Nahaufnahme (Abb. 38-41), wohingegen zuvor meist eine amerikanische oder halbnahe Einstellung für die Figuren gewählt wurde. Diese stilistische Entscheidung verstärkt noch einmal den Eindruck, dass sich die Helden in einer aussichtslosen Lage befinden: Über den Umgebungsraum gibt die Einstellung, trotz Kamerabewegung, kaum etwas preis. Die Sicht des Zuschauers auf etwaige Fluchtwege wird durch den mit Figuren gefüllten Hintergrund versperrt. Auch bricht dieser Abschnitt mit der zuvor etablierten Blickmontage. Immer wieder schauen sich die Protagonisten während ihres Tanzes im Saal um. Üblicherweise würde diesen über den *onscreen space* hinausweisenden Blicken ein POV-shot folgen und weitere Raumindizien offenbaren. Dies wird während der zweiminütigen Sequenz gänzlich unterlassen. Dennoch spielt der Raum-Horizont eine signifikante Rolle für die Wirkung dieses Filmbildes: „Das Bild stehe in einer Sequenz von Bildern, die (respektive deren Inhalte) nicht vergessen werden [...]. Der Kontext wirkt demzufolge in die Bildbedeutung hinein und erschließt das Bild für die Sequenz, in der es steht" (Wulff 2009, 157). Die vorhergehende Montage aus subjektivierten Raumansichten hat den szenischen Raum hinreichend umrissen, dass der Zuschauer sich auch während der intimen Tanzszene die Umgebung vorstellen kann. Er weiß, dass der Raum mit zahlreichen Gästen gefüllt ist, dass die Gegner den Saalausgang sowie die Empore blockieren und von der Treppe aus auf die Protagonisten zukommen. Die Verengung des Handlungsraums bleibt sowohl im *offscreen space* als auch durch den verkleinerten *onscreen space* präsent.

Abb. 38 bis 41: Die zweiminütige Nahaufnahme der gefährdeten Protagonisten ohne Blickmontage verdeutlicht die räumliche Bedrängnis sowie die Unmöglichkeit einer Flucht.

Dass die Montage ausbleibt und den Blicken der Figuren nicht mehr gefolgt wird, verstärkt nochmals den Eindruck von Ausweglosigkeit. Zwar „sehen" Barry und Pat mehr vom Raum als der Zuschauer: Die visuelle Erzählinstanz zeigt weniger als die Figuren sehen bzw. wissen, weshalb man hier von einer kurzfristigen *externen Fokalisierung* sprechen könnte (vgl. Kuhn 2011, 123). Das (Raum-)Wissen des Zuschauers wird während der zweiminütigen Einstellung nicht per POV-Shots mit dem der Figuren abgeglichen, denn die Protagonisten gewinnen aus dem *offscreen space* keinen neuen Spielraum. Diese Nicht-Montage steht offenbar unter dem Motto: Was immer die Helden (*offscreen*) sehen, es hilft ihnen nicht weiter. Das Publikum kann daraufhin ebenfalls keine neuen Handlungsmöglichkeiten entwerfen und wird auf die Antizipation eines negativen Ausgangs zurückgeworfen.

> Die ambivalente Unmittelbarkeit des Scheiterns [...] findet sich daher besonders eindrücklich in räumlichen Anordnungen umgesetzt, weil deren Komponenten das Maß des Effekts im Bild vor Augen führen. Das „Drama", einer Situation ausgeliefert zu sein, ist besonders ein Ergebnis räumlicher Koordinaten. Für einen agierenden Protagonisten bedeutet die Einengung seiner Bewegungsfreiheit ein erhöhtes Drängen auf eine Lösung der ausweglosen Lage (Türschmann 2002, 102).

Aus der vorliegenden Raumdramaturgie ergibt sich potenziell ein geringer Unsicherheitsgrad, insofern die Wahrscheinlichkeit eines unglücklichen Ausgangs mittels raumverengender Dynamiken deutlich erhöht wird. Der (Zeit-)Druck, einen Ausweg aus der brenzligen Lage zu finden, wird durch den erwähnten diegetischen Aufschub ausbalanciert: Zwar wird die Einengung der Handlungsfreiheit einmal mehr durch die Nahaufnahme angezeigt, doch werden gleichzeitig weitere Komplikationen ausgesetzt. Nach einer Sequenz von Bildern, die fortlaufend die Verkleinerung des Aktionsraums indizieren und die Spannung steigern, etabliert diese zweiminütige „Pause" eine Art räumlichen *Status quo*. Während Barry und Pat tanzen, haben sie vorerst keine neuen Einschränkungen zu befürchten – auch wenn diese Handlung sie der Problemlösung nicht näher bringt. Interessanterweise läuft die Szene mit ihrem zentripetalen Raumkonzept der Makro-Struktur des Films zuwider. SABOTEUR ist ein Spionage-Thriller mit dem Motiv des Unschuldig beschuldigten, der vor dem Gesetz flieht und seine Unschuld zu beweisen sucht. Der Sabotage angeklagt, begibt sich Protagonist Barry Kane auf eine wahnwitzige Flucht quer durch Amerika, immer wieder gezwungen, seinen Standort zu ändern. Der Handlungsraum erweitert und verschiebt sich von Szene zu Szene, zahlreiche Handlungsorte werden aufgesucht und wieder verlassen. In der diskutierten Ballsaal-Sequenz ist die Hauptfigur – nach mehreren erfolgreichen Fluchtversuchen vor der Polizei und den tatsächlichen Saboteuren – in den Fängen der Antagonisten gelandet. Erstmals an einem stark bevölkerten und verschlossenen Handlungsort angelangt, hat der Held keinen allzu großen Aktionsradius mehr. Diese dem Globalplan des Films entgegengesetzte Raumdramaturgie könnte umso stärker wirken, insofern das Publikum durch bisherige Szenen daran gewöhnt ist, dass der Held Mittel und Wege findet, sich von der Gefahr zu entfernen: So konnte er z.B. mit dem Sprung von einer Brücke der Festnahme entgehen. Die dadurch erzeugten Erwartungen eines erfolgreichen Fluchtversuches werden in der vorliegenden Sequenz zweifelsohne „enttäuscht": Die vormalige Handlungs- und Bewegungsfreiheit wird dem Protagonisten ganz klar versagt.

In SABOTEUR wird die Raumverengung – im Gegensatz zum Beispiel aus THE BIRDS – sowohl *diegetisch begründet* als auch *formal entwickelt*. Eine ähnliche Tendenz weist auch die Karussell-Szene in STRANGERS ON A TRAIN auf. Zu der Montage von zwei Handlungslinien (siehe 5.1) gesellt sich die Zuspitzung der gewaltsamen Auseinandersetzung zum Nachteil des Protagonisten. Nachdem Guy zu Boden gegangen ist, wird seine körperliche Bedrängnis durch den Antagonisten mittels näherer Einstellungen als zuvor dargestellt. Als er sich nur noch an einer Stange festhalten kann, um nicht vom Karussell zu fliegen, versucht Bruno mit Tritten, seinen Griff zu lösen. Guys Spielraum ist damit gleich null, er hat offenbar keine Möglichkeit mehr, sich selbst aus seiner Lage zu befreien. Die maximale Verengung bereichert das eigentlich invariante Raumkonzept. Die Angst um den Protagonisten wird dramatisch gesteigert: Seine Rettung ist gänzlich von dem alten

Mann unter der Drehscheibe abhängig. Die chaotische Montage (vgl. Corrigan/White 2012, 158) verdeutlicht sowohl die Brisanz des Gefahrenraums als auch die Handlungsohnmacht der Fahrgäste auf dem Karussell. Die scheinbare Sicherheit eines Protagonistentodes sorgt auch hier für ein „erhöhtes Drängen auf eine Lösung" (Türschmann 2002, 102), welche durch das Anhalten des Karussells gewährt wird.

Die beschriebene Spannungsszene aus SABOTEUR zeichnet sich durch das Schwinden der Handlungsmöglichkeiten aus: Fluchtwege werden abgeschnitten, die Feinde ziehen den Kreis enger. Zuschauer und Figuren müssen den Problem(löse-)raum aufgrund neuer restriktiver Rauminformationen fortlaufend eingrenzen. Durch den simultanen Verschluss des Settings und die zunehmende Einschränkung des figuralen Spielraums wird ein negativer Ausgang der Szene immer wahrscheinlicher: „Klaustrophobische Einkerkerung gehört zu den Spannungsmitteln. […] Der Bewegungsbereich des Protagonisten wird immer kleiner, genauer: der Raum, in dem er sich sicher fühlen kann" (Wulff 1993a, o.S.). Mit der steigenden Unsicherheit der Figuren im Bezug auf ihren „Schutzraum" verringert sich der Unsicherheitsgrad des Zuschauers bezüglich der antizipierten Katastrophe. Noch drastischer als in SABOTEUR wird dieses Verhältnis in der finalen Sequenz von REAR WINDOW gestaltet. Nachdem Jeff sich versehentlich per Telefon gegenüber dem Mörder Lars Thorwald selbst entlarvt hat, sucht dieser Jeff in dessen Apartment auf. Der Handlungsraum des Protagonisten ist schon zu Beginn der Spannungsszene extrem eingeschränkt: Durch sein gebrochenes Bein kann sich Jeff nicht über die Grenzen seiner Wohnung hinaus bewegen. Im Gegensatz zu SABOTEUR baut das raumbezogene Spannungspotenzial auf einer grundsätzlichen Bewegungsunfähigkeit der Figur auf. In der Ballsaalszene verschließt sich das Setting für Barry und Pat stufenweise: Erst können sie nicht zur Vordertür hinaus, später ist ihnen auch die Flucht aus dem Saal nicht mehr möglich. Jeff hingegen ist von vornherein in seinem Apartment „eingeschlossen" und bei allen darüber hinausgehenden Aktionen auf seine Komplizinnen Lisa und Stella angewiesen. REAR WINDOW ist ein *one-location-film*, bei dem sich alle (sichtbaren) Handlungen am gleichen Handlungsort, Jeffs Wohnanlage in Greenwich Village, ereignen. Der Globalplan des Films folgt einer klaustrophobischen Raumstruktur, insofern die Charaktere i.d.R. an einem Ort, meist sogar im selben Zimmer, versammelt bleiben. Obgleich im Film auf andere Orte verwiesen wird, u.a. den East River oder den Bahnhof, werden diese Lokationen niemals gezeigt. Wie schon unter 5.1 erläutert, bleibt die räumliche

Darstellung im Großen und Ganzen auf den Protagonisten Jeff bezogen. Das Sicht- und Aktionsfeld geht nicht über den Innenhof der Apartmentanlage hinaus. Alle Handlungen außerhalb der Lokalität werden ausschließlich verbal referenziert. Dieses globale Bezugssystem aus einem sichtbaren „Drinnen" und einem implizierten „Draußen", oder kurz: zwischen *onscreen* und *offscreen space* zieht sich auch durch die vorliegende Spannungsszene: Hier wird ein sichtbarer, vermeintlich sicherer Raum von einer noch unsichtbaren, potenziell tödlichen Gefahr bedroht. Jeffs Apartment stellt dabei den letzten „Schutzraum" des Protagonisten, der durch den äußeren „Ereignisraum", nämlich Thorwalds Handlungsraum, gefährdet wird (in Anlehnung an Keppler/Seel 2012, 190). Keppler/Seel argumentieren, dass eine solche Dichotomie von Drinnen und Draußen stets ambivalent geprägt ist: Der Innenraum ist gleichzeitig ein Refugium und ein Gefängnis. Der Außenraum auf der anderen Seite verheißt zugleich Bedrohung und Befreiung (vgl. ebd., 193). Diese gespaltene Konnotierung wird z.T. auch in REAR WINDOW ausgespielt: Jeffs Apartment ist über weite Strecken des Films ein privilegierter, geschützter Raum, von dem aus der Protagonist sehen kann, ohne gesehen zu werden. Allerdings sperrt ihn dieser Raum auch ein und beraubt ihn zahlreicher Handlungsmöglichkeiten. Zudem können Besucher dort problemlos ein- und ausgehen: Lisa, Stella und Detective Doyle benötigen keinen Schlüssel, um sich Zugang zur Wohnung zu verschaffen. Diese Voraussetzung[5] gerät dem Protagonisten in der vorliegenden Szene nun zum Nachteil: Der mutmaßliche Mörder wird ohne Hindernisse in den ungesicherten Schutzraum eindringen können. Die Wohnungstür erfüllt hier ihre grundsätzliche „Schwellenfunktion" (vgl. ebd., 189) nur bedingt: Einerseits ist sie nicht versperrt und stellt damit auch keine Hürde mehr dar. Andererseits markiert sie sehr wohl die Trennung von Schutz- und Gefahrenraum, *onscreen* und *offscreen space* (vgl. ebd., 189). Da der implizierte *offscreen space* nicht gezeigt wird, ist die Tür der einzige *visuelle* Indikator für den Raum jenseits von Jeffs Apartment. Zur Vergegenwärtigung des „Draußen", d.h. des Gefahrenraums, wird verstärkt der Ton eingesetzt: Nach dem verräterischen Anruf ist für einige Sekunden nur der Straßenverkehr entfernt zu hören. Dann ertönt das Geräusch des Aufzugs, was die Ankunft

---

[5] Es lässt sich nicht eindeutig feststellen, ob die offene Wohnungstür diegetisch begründet ist (es wäre für den gehandicapten Protagonisten zu beschwerlich, selbst die Tür zu öffnen) oder einen für die Kontinuität der Handlung notwendigen Sachfehler darstellt (es würde den Fluss der Geschichte stören, wenn die Tür ständig aufgeschlossen werden müsste).

des Mörders im Gebäude indiziert. Wenig später sind Schritte zu hören, die allmählich lauter werden, sprich: sich der Tür näheren. Diese akustischen Zeichen erfüllen in der Szene mehrere signifikante Funktionen.

1. Sie füllen die Lücken von Einstellungs- und Montageraum. Insofern das Filmbild stets ein „Ort des Nicht-Alles-Sehens" (Chion 1985, 28) ist, verweist der Ton auf das, was außerhalb der Bildgrenzen liegt. Das Sichtfeld (*champ visuel*) wird mit einem „Hörfeld" (*champ sonore*) verbunden und koordiniert (vgl. ebd., 28ff.). I.d.R. unterstützt oder bestätigt der Ton die visuellen Informationen, weshalb er häufig nur als Ergänzung zum Bild aufgefasst wird. In der vorliegenden Szene haben die akustischen Zeichen jedoch einen Mehrwert: Die Schritte auf dem Flur kündigen eine tödliche Gefahr an. Dieser „Ausdrucks- und Informationswert" (Chion 1990, 8; Flückiger 2001, 142) wirkt umso stärker, da die Tonquelle nicht gezeigt wird. Entgegen der konventionellen Auflösung, wonach der Ton das Bild herbeiführt (vgl. Chion 1990, 9), ein akustisches Signal *offscreen* also die Einblendung seiner Quelle nach sich zieht, wird dem Zuschauer nicht gezeigt, wie Thorwald den Flur entlanggeht. Der Tonraum ist bis zur Visualisierung der Tonquelle unabhängig vom Bild- und Montageraum. Durch den *sonic space* werden neue Informationen über den Gefahrenraum im *offscreen space* vermittelt, wohingegen *shot* oder *editing space* auf den bedrohten Schutzraum beschränkt bleiben: „Offscreen sound is crucial to our experience of a film […] Offscreen sound can create the illusion of a bigger space than we will ever actually see. It can also shape our expectations about how a scene will develop […]" (Bordwell/Thompson 2008, 279).

2. Der Mehrwert besteht in einer narrativen Funktion, da der Ton nicht allein auf den Raum-Horizont verweist, sondern an der Handlung mitarbeitet und Konsequenzen in der Diegese ankündigt (in Anlehnung an Flückiger 2001, 145). Die damit verbundene dramaturgische Funktion des *sonic space* besteht in der symbolischen Raumverengung. Der Ton prägt die Wahrnehmung von Bewegung und Geschwindigkeit (vgl. Chion 1990, 12). Die lauter werdenden, aber scheinbar bedächtigen Schritte auf dem Flur signalisieren das Näherrücken der Gefahr und das unvermeidliche Zusammentreffen von Protagonist und Antagonist: „[…] the sound of footsteps heightens the sense of immediacy and presence" (Corrigan/White 2012, 183). Aber sie verunsichern auch durch ihre Diskontinuität. Mehrmals setzen die Schritte aus und wiegen Figur und Zuschauer gleichermaßen in Unsicherheit, wann und wie der Mörder zuschlagen wird (siehe auch 4.1.2). Nach Flückiger (2001,

303) handelt es sich hierbei um einen „aktiven Off-Ton", insofern die Schritte ein handlungstreibendes Element darstellen: Die Geräusche im *offscreen space* rufen Reaktionen beim Protagonisten hervor, sie sichern die Aufmerksamkeit und Antizipation des Zuschauers (vgl. ebd.), beeinflussen dessen Verstehens- und Entwurfstätigkeiten. Mit den näherkommenden Schritten scheint sich die Schlinge für die gefährdete Figur immer weiter zuzuziehen. Die ausbleibenden visuellen Informationen[6] über den Gefahrenraum unterstützen diesen Effekt. Die Szene verzichtet bis zum Eintritt Thorwalds auf einen Austausch von *onscreen* und *offscreen space*. Von den beiden figuralen Handlungsräumen wird nur der des Protagonisten im Bild- und Montageraum wiedergegeben. Die den gesamten Film bestimmende interne Fokalisierung der Erzählung (siehe auch 5.1) setzt sich aber auch auf der Tonebene fort: Obgleich mit dem *sonic space* die (visuellen) Lücken von *shot* und *editing space* weitgehend gefüllt werden, bleibt auch der Tonraum auf die Wahrnehmung des Protagonisten bezogen. Jeff reagiert auf die Geräusche aus dem Off (siehe Abb. 42-47) und unternimmt einige Versuche, der vermeintlich sicheren Konfrontation mit Lars Thorwald zu entgehen. Aufgrund seiner dauerhaft eingeschränkten Bewegungsfähigkeit sind ihm die üblichen Fluchtwege a priori versperrt. Räumliche Distanz zur Gefahr lässt sich, im Gegensatz zum Beispiel aus NOTORIOUS, grundsätzlich nicht mehr herstellen. Der u.U. befreiende Außenraum ist für Jeff unerreichbar und der vormalige Schutzraum seines Apartments gerät zur tödlichen Falle. Die räumliche Situation erscheint in jeder Hinsicht ausweglos, was die Angst um den ohnehin hilflosen Protagonisten fördert. Einzig die bereits diskutierte, ambivalente Zeitdramaturgie schafft noch ein geringes Maß an Unsicherheit.

---

[6] Als einziger visueller Indikator für den *offscreen space* fungiert der Spalt am Fuße der Tür. An einer Stelle wird diese reduzierte Bildinformation mit dem Ton koordiniert: Als Jeff vor der Tür versucht, sich aus seinem Rollstuhl zu erheben, erlischt das Licht im Flur (angezeigt durch den Türspalt). Gleichzeitig verstummen die Schritte Thorwalds. Diese „Synchrese" (Flückiger 2001, 142) schafft eine unmittelbare Verbindung zwischen Bild- und Toninhalt – der Zuschauer bringt beides in einen Sinnzusammenhang (vgl. ebd.).

Abb. 42 bis 47: Die Wahrnehmung von Einstellungs-, Montage- und Tonraum ist exklusiv auf den Protagonisten bezogen, nach Kuhn (2011) intern fokalisiert.

Die oben diskutierten Szenen sind durch eine zentripetal gerichtete Transformation der figuralen Handlungsräume gekennzeichnet. Die Gefahr bewegt sich auf die gefährdeten Subjekte zu, deren Flucht- und Rettungsmöglichkeiten radikal reduziert sind und/oder noch weiter vermindert werden. Der Problemlöseraum wird entlang neuer visueller und akustischer Informationen über die Umgebung der Figuren erst richtig entwickelt. Daran anschließend verändern und konkretisieren sich auch die Handlungsentwürfe des Zuschauers, dem mit der Verringerung von Lösungswegen ein negativer Ausgang nahegelegt wird. Im Falle invarianter Raumdarstellung ist es hauptsächlich die zeitliche Dramaturgie, etwa eine Deadline, welche die Handlungsmöglichkeiten verringert; der Spannungsprozess wird durch die Verengung des Zeitfensters bestimmt. In der Ballsaalszene aus SABOTEUR und der Schlusssequenz von REAR WINDOW scheint der „Schwerpunkt" der Spannung auf der räumlichen Ebene zu liegen, insofern die schwindenden Chancen auf Rettung durch eine fortwährende Eingrenzung des Handlungsraums generiert werden. Das Prinzip der Raumverengung scheint ferner an das Wissen der Figuren um ihre Situation gebunden zu sein. In den genannten Szenen orientiert sich das filmische Zeigefeld mehr oder weniger am Sichtfeld der Protagonisten: SABOTEUR realisiert die interne Fokalisierung und dynamische Raumverengung über die klassische Blickmontage. Die POV-Shots zeigen immer neue Hindernisse und damit die fortschreitende Umzingelung der Hauptfiguren an. Die Raumverengung wird formal über den Bild- und Montageraum vermittelt. In REAR WINDOW ist die zunehmende Bedrängnis über akustische Signale gleichermaßen für Figur und Zuschauer wahrnehmbar. Der *offscreen sound* verkündet das Eindringen des Antagonisten in den Schutzraum des Protagonisten. SABOTEUR und REAR WINDOW folgen der von Wulff (1993a, o.S.) beschriebenen Logik der „klaustrophischen Einkerkerung", indem die symbolische Sicherheitszone einer Figur immer kleiner wird. Beide Szenen haben gemeinsam, dass die Handlungsmöglichkeiten der Figuren bereits im Keim erstickt werden. Durch die Bewegungsunfreiheit am Handlungsort, ob aufgrund feindlicher Umzingelung (SABOTEUR) oder eines körperlichen Handicaps (REAR WINDOW), werden jegliche Fluchtversuche unterbunden oder abgebrochen. Der Aktionsradius zieht sich zu, der angedeutete Spielraum der Figuren bleibt ungenutzt und verkümmert – was die Wahrscheinlichkeit einer Katastrophe begünstigt. Anders gestalten sich Spannungssituationen, deren Raumkonzepte durch die Exploration von Lösungsmöglichkeiten geprägt sind.

### 5.2.2 Flucht nach vorne – Exploratorische Raumdynamiken

Während anhand der o.g. Szenen gezeigt werden konnte, wie der figurale Spielraum durch diegetische Komplikationen und formale Einschränkungen schwindet, soll mit den folgenden Beispielen aus NORTH BY NORTHWEST und THE MAN WHO KNEW TOO MUCH dargelegt werden, inwiefern sich der Aktionsraum einer Figur in Gefahrensituationen verschieben oder erweitern kann. Die ausgewählten Szenen zeichnen sich dadurch aus, dass der Raumhorizont sich erweitert. Den Protagonisten ist hierbei zumindest die Chance gegeben, Lösungswege auszutesten. Dies kann u.a. durch das Setting begünstigt werden. Im Kontrast zu den vorherigen Beispielen aus REAR WINDOW und SABOTEUR, in denen der Problemraum von vornherein durch die klaustrophobischen Motive des Eingesperrt-Seins oder der feindlichen Umzingelung bestimmt wird, bietet die Maisfeld-Szene in NORTH BY NORTHWEST eine völlig andere Raum-Situation. Bereits der *establishing shot* enthüllt einen ungewöhnlichen bis bizarren Handlungsort: Das verabredete Treffen Roger Thornhills mit dem ominösen George Kaplan in der Wüste außerhalb Chicagos widerspricht dem klassischen Gefahrenszenario: Anstelle einer finsteren und beengten Umgebung, befindet sich der Protagonist *in plain sight* (vgl. Wulff 1994, 97), auf offenem Felde am helllichten Tage. Das Setting ist nicht a priori als gefährlich konnotiert wie bspw. die dunkle Seitengasse in einer Großstadt, welche in Spannungsfilmen häufig vorkommt und entsprechend semantisch aufgeladen ist. Das Bild einer isolierten Bushaltestelle in der Wüste hingegen ist untypisch für eine Suspense-Situation und daher noch relativ offen bezüglich des Handlungsverlaufs. Wie unter 4.1.2 erwähnt, wurden auch die Vorinformationen bezüglich des Anschlags auf Thornhill nicht konkretisiert. Der Zuschauer weiß, dass Gefahr droht, aber nicht, *wo* sie – angesichts des leeren und noch dazu gut einsehbaren Umfelds – herkommen wird. Der figurale Handlungsraum deckt sich zu Beginn der Sequenz noch mit der Weitläufigkeit der repräsentierten Lokalität. Thornhills Bewegungen sind zwar minimal, dennoch sucht er den Umgebungsraum nach Kaplan ab – die formale Gestaltung der Szene folgt nach einem *establishing shot* weitestgehend einer konventionellen Blickmontage, analog zur Ballsaalszene aus SABOTEUR. Durch diese POV-Strukturen (Abb. 48-55) wird allerdings zunächst ein offener Handlungsraum konstruiert sowie der Leerlauf im Handeln der Hauptfigur dargestellt. Die Szene beschränkt sich hier auf wenige „Orientierungshandlungen" (Wulff 1994, 107). Thornhill ist auf der Suche nach dem erwarteten Agenten Kaplan, aber noch nicht in den Problemlöseraum eingeweiht, den der Zuschauer für die Spannungsszene entworfen hat. „Die Unschuldigkeit des Protagonisten, seine Definition der Situation, dokumentiert sich *en passant* in der Art, wie sein subjektiver Blick, der den Unbekannten sucht, das Umgebungsfeld absucht" (ebd.). Das Publikum hingegen „scannt" die Umgebung unter anderen informationellen Voraussetzungen ab. Für beide Parteien bleibt der Raum-Horizont in dieser ersten Phase der Sequenz leer, die erhofften Informationen oder Ereignisse lassen auf sich warten. Die unterschwellige Spannung fußt sowohl auf dem Aufschub eines unspezifischen Gefahrenereignisses als auch auf dem vorläufig semantischen Vakuum des Handlungsortes.

Abb. 48 bis 55: Der Umgebungsraum wird mittels klassischer POV-Strukturen von Figur und Zuschauer nach Handlungsmöglichkeiten abgesucht. Durch die Ereignislosigkeit in der Wartephase bleibt der Handlungsort vorerst bedeutungsleer.

Ähnlich den Spannungssituationen aus SABOTAGE und THE BIRDS ist die Maisfeld-Szene in ihrer Wartephase durch einen invarianten, wenngleich durch den Handlungsort unbegrenzten Aktionsraum geprägt. Der Protagonist verharrt an Ort und Stelle, geht lediglich ein paar Schritte, als er den berüchtigten George Kaplan zu sehen glaubt. Diese Unbeweglichkeit ist mit der Verzögerungsstrategie, dem diegetischen Aufschub des Mordanschlags, sowie dem Informationsrückstand der Figur koordiniert. Ein Zusammenhang zwischen dem Wissensstand einer Figur und dem zeitlichen Fortschritt der Spannungssituation wurde bereits unter 4.3 aufgezeigt. Die Gefahr ist in der Wartephase der Maisfeld-Szene vorerst nur latent präsent und unvollständig ausformuliert, daher erfolgte noch kein Informationsausgleich zwischen Protagonist und Zuschauer. In diese dramaturgische Interdependenz fügt sich auch die „räumliche Schicht" ein: Aufgrund einer differenten Situationsdefinition verhält sich Thornhill, ebenso wie Stevie in SABOTAGE oder Melanie in THE BIRDS, nicht adäquat zur bedrohlichen Lage. Eine Dynamisierung des Handlungsraums ist erst dann möglich, wenn die Situationsdefinitionen übereinstimmen und der Protagonist in die Problemlösephase eintritt. Der Übergang in die Phase der Auseinandersetzung mit der Gefahr wird ebenfalls über eine Blickmontage dargestellt (Abb. 56-63): Thornhill beobachtet das in der Ferne kreisende Agrarflugzeug, das plötzlich einlenkt und direkt auf ihn zukommt.

Abb. 56 bis 63: Von der Ausformulierungs- in die Problemlösephase – in der Blickmontage erfolgen der Informationsausgleich zwischen Zuschauer und Figur sowie der Eintritt in eine neue Spannungssituation.

Sobald der Protagonist den Agrarflieger als Gefahr für seine Person begreift, ändert sich sein Verhalten schlagartig. Von der passiven Wartephase geht die Szene in die aktive Suche nach einer Fluchtmöglichkeit oder einem Versteck über – sie wird „bewegungsintensiv". So folgt der Kameraraum nunmehr einem gehetzten Subjekt,

das in den Umgebungsraum ausschwärmt, auf der Suche nach einem Schutzraum. Die Erweiterung des Raum-Horizonts ist dadurch begründet, dass der Protagonist seine Handlungsalternativen austestet:
    1. Sein Raumverhalten ist einerseits *initiativ*, da er fieberhaft auf eine Flucht hinarbeitet (in Anlehnung an Wulff 1994, 106), also direktional handelt. Der Handlungsraum folgt einer zentrifugalen Dynamik, bewegt sich fortwährend über die Ränder des Filmbildes hinaus. Die POV-Shots sind dabei nicht länger informationsarm, sondern geraten nunmehr zu intentionalen Raumansichten, die durch neue Bildinhalte auch neue Handlungsrichtungen vorgeben (vgl. Wulff 2009, 153): Thornhill erspäht ein Auto auf der Straße – ein möglicher Fluchtwagen? Später erblickt er in der Nähe ein Maisfeld – vielleicht ein gutes Versteck? Jede neue Rauminformation per *shot space* zieht eine entsprechende Montagesequenz nach sich, die der Bewegung des Protagonisten zum nächsten „Schutzraum" folgt. Hierbei werden mittels ungewöhnlich langer Einstellungen und relativ gleichbleibender Schnittfrequenz scheinbar retardierende Momente eingebaut. Alfred Hitchcock begründete dieses Vorgehen einst so:

> Here you're not dealing with time but with space. The length of the shots was to indicate the various distances that a man had to run for cover and, more than that, to show that there was no cover to run to. This kind of scene can't be wholly subjective because it would go by in a flash. It's necessary to show the approaching plane, even before Cary Grant spots it, because if the shot is too fast, the plane, is in and out of the frame too quickly for the viewer to realize what's happening (Truffaut 1967, 193).

Nach Hitchcocks Erläuterung liegt der Einsatz von Verzögerungen im Setting begründet. Die Tatsache, dass sich die Maisfeld-Szene im offenen Raum der Wüste abspielt, ist nicht unerheblich für die Spannungssituation. Denn wie sind die Chancen auf ein Entkommen Thornhills zu bewerten, wenn der umliegende Raum so wenig Schutz oder Rettungsmöglichkeiten bietet? In der Tat scheinen diese zu schwinden: Der Protagonist findet weder ein dauerhaftes Versteck noch gelingt ihm die Flucht. Der szenische Raum bietet keine dauerhafte Sicherheit, womit der Handlungsort nunmehr eine ganz eigene Gefahren-Semantik erhält.

> Dieser Ort der Handlung, der im ersten Teil der Sequenz optimale Orientierung garantierte und einen überraschenden Angriff eines unbekannten Gegners auszuschließen schien, erweist sich nun als Ort der höchsten Gefahr [...] Es sind ganz andere Eigenschaften des Handlungsraums, die nun in den Vordergrund der Wahrnehmung treten. Jede Möglichkeit, sich zu verbergen, muß gesucht werden [...] Der *Handlungsraum* muß vollständig neu aufgebaut werden, obgleich der *Ort* der Handlung derselbe ist (Wulff 1994, 110, Herv. i. O.).

Der offene und weitläufige *Ort* der Handlung trägt zur Präzisierung und Verkomplizierung des Problemlöseraums bei. Die mangelnde Umgrenzung offeriert auf den ersten Blick uneingeschränkte Bewegungsfreiheit, verweigert dabei aber gleichzeitig ein punktuelles Ziel, eine Landmarke (z.b. ein Haus), auf die sich der Protagonist hinbewegen könnte. Der Handlungsort kann zudem nicht überblickt werden, da eine segmentale Gliederung, wie sie bei Innenräumen üblich ist (etwa durch Türen, Treppen o.Ä.), fehlt. Insofern ist eine räumliche Trennung der Figur von der Gefahr im höchsten Maße unwahrscheinlich.

2. Noch brisanter wird die Situation aufgrund der fortwährenden Bedrohung durch einen gesichtslosen, aber hochgradig dynamischen „Gegner". Die Lösungsversuche des Protagonisten werden durch den entpersonifizierten Antagonisten (vgl. Wulff 1994, 107) immer wieder vereitelt. Die zentrifugale Bewegung des Handlungsraums wird durch eine temporäre, extreme Raumverengung kontrastiert. Das Flugzeug verkleinert mit jedem „Herabstoßen" blitzschnell den Handlungsraum für Thornhill, der sich nur noch ducken kann, um dem sicheren Tod noch zu entgehen. In diesen Momenten ist das Raumverhalten der Figur ausschließlich *reaktiv* (vgl. Wulff 1994, 106). Die formale Ausgestaltung wird durch Bild-, Montage- und Tonraum gleichermaßen übernommen. *Shot* und *editing space* zeigen die Bedrängnis des Protagonisten auf zweifache Weise an: Zum einen durch neue szenische Umgebung, wie den dicht stehenden Maispflanzen oder aber den plötzlich auftauchenden Bodenfurchen, die Thornhill praktischerweise Schutz bieten, dem eigentlichen Handlungsraum aber enthoben scheinen (vgl. Wulff 1994, 105; Abb. 64-65).[7] Zum anderen werden die Einstellungsgrößen der temporären Beengtheit angepasst. Besonders auffällig ist dies bei Thornhills letztem Rettungsversuch, einen Lastwagen anzuhalten (Abb. 66-71). Zunächst werden die Einstellungen auf das näherkommende Vehikel und den panischen Protagonisten im Wechsel montiert. Als das Fahrzeug nicht mehr rechtzeitig bremst, fährt die Kamera im Bruchteil einer Sekunde an den Protagonisten heran: Der schlagartige Wandel von einer halbnahen Einstellung zur Großaufnahme verdeutlicht die extreme Raumverengung. Mit dem Ducken unter den Laster hat Thornhill ein letztes (un-)sicheres Ver-

---

[7] Derartige Brüche mit einer vermeintlich realistischen Raumdarstellung sind nicht unüblich. Die Repräsentation von Raum ist weniger an Stimmigkeit, als vielmehr an einer situationsgerechten Strukturierung von Handlungen oder Handlungsmöglichkeiten interessiert (vgl. Wulff 1999a, o.S.).

steck gefunden: „Nachdem der Held auf der Flucht vor dem [...] drohenden Unheil immer größere räumliche Distanzen hatte durcheilen müssen, hat er sich selbst nun notgedrungen in eine Lage gebracht, in der der *Raum* von seiner Begrenztheit her nichts mehr zu wünschen übrig lässt" (Borringo 1980, 163, Herv. i. O.). Zu den visuellen Mitteln gesellt sich jeweils das akustische Signal der Gefahrenquelle: Das Motorgeräusch des Fliegers indiziert die räumliche und zeitliche Nähe des nächsten Angriffs. Das Hupen des Lastwagens sowie die quietschenden Bremsen verkünden den kommenden Zusammenprall mit dem Gefahrenraum. Erwähnenswert ist der Verzicht auf dramatische Musik bis zur Explosion, die üblicherweise zur Spektakularisierung einer actionreichen Szene eingesetzt würde. Die beschriebenen Stilmittel sind sorgfältig miteinander koordiniert und dramatisieren die Situation eher auf subtile Weise: Sie führen die temporäre räumliche Bedrängnis vor Augen (und Ohren) und erhöhen das Begehren einer baldigen Auflösung der Spannungssituation.

Abb. 64 bis 71: Die temporären Raumverengungen in der Maisfeld-Szene werden durch angepasste Einstellungsgrößen und -inhalte, Blickmontagen sowie akustische (Warn-)Signale ausgedrückt.

Trotz der beschriebenen kurzfristigen Raumverengungen steht die Maisfeld-Szene in NORTH BY NORTHWEST keineswegs unter einem klaustrophobischen Raumkonzept wie etwa REAR WINDOW. Der Protagonist Roger Thornhill scheint im Gegenteil sogar mit einem äußerst mobilen und expansiven Handlungsraum gesegnet zu sein. In der vorliegenden Gefahrensituation ist er gezwungen, seinen Aktionsradius zu erweitern und Handlungsmöglichkeiten auszutesten, um der tödlichen Bedrohung von oben zu entgehen. Die Szene kann als Analogie zur Makro-Struktur von NORTH BY NORTHWEST gesehen werden: Roger Thornhill gerät unverschuldet in die Fänge eines Spionage-Rings, der von Phillip Vandamm geführt wird. Seine Entführer halten ihn für den Regierungsagenten George Kaplan. Mit dieser falschen Identität versehen, muss der Protagonist fortlaufend vor Vandamms Schergen fliehen.

Das Abenteuer führt ihn, wie auch Barry Kane in SABOTEUR, quer durch Amerika, von New York nach Chicago bis zum Mount Rushmore. Regisseur Alfred Hitchcock bewarb den Film als Reise (engl. „trip"): Im offiziellen Trailer sind die Stationen des Protagonisten auf einer Karte der Vereinigten Staaten markiert und werden durch Hitchcock persönlich erläutert (Abb. 72). Die zurückgelegte Strecke des Protagonisten, der gesamte *plot space*, ist bereits vorgezeichnet und legt einen konkreten Rahmen für die rezeptiven Tätigkeiten des Zuschauers fest. Die Filmvorschau stellt einen paratextuellen Hinweis auf das globale Raumkonzept, womit konkrete Antizipationen im Bezug auf die Handlung erzeugt werden (in Anlehnung an Hartmann 2009, 116): Das Publikum mag schon eine „actionreiche" und räumlich ausgedehnte Handlung erwarten, bevor es den Kinosaal betritt.

Abb. 72: Paratextueller Hinweis auf den *plot space* im offiziellen Trailer von NORTH BY NORTHWEST (Screenshot aus Youtube-Video „North by Northwest trailer (Alfred Hitchcock)").

Die Verknüpfung der Erzählmotive *innocent-on-the-run* (*Unschuldig beschuldigt*) und *mistaken identity* gleisen für den Protagonisten zwei parallele Handlungspläne auf: *Flucht* vor dem Gesetz und seinen Widersachern sowie *Aufklärung* der Identitätsverwechselung (vgl. Wulff 1990, o.S.). Sein Aktionsraum muss sich dabei unweigerlich verschieben und erweitern. Tatsächlich ist Thornhill mehrmals gezwungen, den Standort zu wechseln und neue Handlungsorte aufzusuchen. Seine Problemlösungsversuche werden immer wieder durchkreuzt: Vandamms Handlanger spüren ihn im Hotel und in der UN-Zentrale auf, die Polizei fahndet an der Grand Central Station nach ihm, schließlich setzt Vandamm die Agentin Eve Kendall auf ihn an, die Thornhill bald darauf buchstäblich in die Wüste schickt, zu dem fingierten Treffen mit George Kaplan. Der figurale Handlungs(spiel)raum wird wiederholt *dekonstruiert*: Hat der Protagonist eine Zuflucht gefunden, muss er diese auch gleich wieder aufgeben und erneut nach einem sicheren Hort suchen. Daraus ergeben sich freilich auch immerzu neue Handlungsmöglichkeiten und Lösungswege.

Die Exploration neuer Lokalitäten und Räumlichkeiten bietet sich wiederholt als Lösung für die globale Spannungssituation an, aber sie scheitert auch kontinuierlich (Abb. 73). Genauso verhält es sich auch in der Maisfeld-Szene: Obgleich an einem expansiven Ort situiert, muss der Aktionsraum vom Protagonisten wiederholt neu erschlossen werden. Analog dazu arbeitet das Publikum an neuen Handlungsentwürfen. Mit fortschreitender Handlung gehen sowohl der Figur als auch dem Zuschauer die Alternativen aus. Durch das fortlaufende Eindringen der Gefahr in Form des Agrarfliegers wird jede räumliche Lösung von Thornhills Problem vereitelt. Die lokale Trennung von der Gefahr, die Rettung in eine Sicherheitszone (Versteck im Maisfeld) ist nur von kurzer Dauer, und die räumliche Entfernung aus der Szene, die Flucht vom Tatort (per Anhalter) gelingt ebenfalls nicht. Dennoch ist hier nicht von einer Dramaturgie der Raumverengung zu sprechen. Die Gefahr folgt nämlich nicht einer konstanten zentripetalen Bewegung, wie es bspw. in der Ballsaal-Szene von SABOTEUR der Fall ist. Der Protagonist ist, aufgrund des weitläufigen Settings und seiner eigenen Bewegungsfreiheit, einer entsprechend flexibleren Bedrohung ausgesetzt. Der schier unerschöpfliche Angreifer gibt dem Protagonisten nur wenig Zeit und Raum zum Agieren. Die wiederholten Angriffe aus der Luft führen zur fortwährenden Demontage von Thornhills Lösungsversuchen.

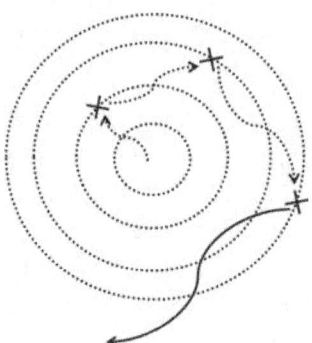

Abb. 73: Grobes Schema einer raumexplorativen Dynamik am Beispiel von NORTH BY NORTH WEST (eigene Darstellung). Die Fluchtwege werden ausgetestet und destruiert, wodurch die Erweiterung des Handlungsraums immer wieder neu ansetzen muss, bis sie schlussendlich gelingt.

Symbolisch gesehen schwindet also der „Raum der Möglichkeiten" für den Protagonisten. Diese zunehmende Schmälerung des Unsicherheitsgrades läuft u.U. dem metarezeptiven Wissen über Genre- und Erzählkonventionen zuwider: Aufgrund der zeitlichen Situierung der Maisfeld-Szene, nämlich gerade nach der Hälfte des Films, dürfte klar sein, dass der Protagonist zu diesem Zeitpunkt noch nicht umkommen kann und wird (vgl. Wulff 1994, 100). Die Spannung wird jedoch in der Problemlösephase der Sequenz angezogen, wodurch die Wahrscheinlichkeit der Katastrophe möglicherweise wider besseres Wissens wächst. Raum und Zeit gehen dabei Hand in Hand: Das Setting „Wüste" sowie die beharrliche Dekonstruktion des figuralen Handlungsraums veranlassen das Publikum, die Wahrscheinlichkeit einer erfolgreichen Flucht als gering einzuschätzen. Der fortwährende Aufschub einer Problemlösung steigert die Antizipation einer Katastrophe und das moralische Verlangen nach Rettung.

NORTH BY NORTHWEST liefert ein Paradebeispiel für die Transformation des Problemlöserraums innerhalb einer Sequenz. In der Maisfeld-Szene werden auf räumlicher Ebene wiederholt Informationen nachgereicht, die neue Lösungsversuche anstoßen und neue Handlungsalternativen offerieren. Der Problemraum wird kontinuierlich umgestaltet, die Verstehens- und Entwurfstätigkeiten des Zuschauers müssen sich mehrmals umorientieren. Der figurenbezogene Aktionsraum wird von expansiven und explorativen Dynamiken getrieben. In der Erweiterung des Spielraums scheitert der Protagonist jedoch kläglich. Die Flucht gelingt erst, nachdem der Agrarflieger in den Lastwagen prallt und explodiert. Mit der akzidentiellen Zerstörung des Gegners, die allen „handlungsmäßigen Wahrscheinlichkeiten" (Wulff 1994, 105) widerspricht, wird die Spannungssituation aufgekündigt. Diese offensichtlich die Genre- und Erzählkonventionen bedienende Lösung bestätigt die o.g. metarezeptiven Annahmen. Die Problemlösung ist also nicht einer erfolgreichen Erweiterung des figuralen Handlungsraums zuzuschreiben, sondern der Zerschlagung des Gefahrenraums durch einen Fehler des anonymen Attentäters.

Als Gegenentwurf kann die finale Sequenz aus THE MAN WHO KNEW TOO MUCH betrachtet werden. Im Empfangssaal der Botschaft gibt Josephine „Jo" McKenna auf Bitte des Premierministers und Anraten ihres Mannes Ben ein Konzert für die Gäste. Mit dem Song „Que sera, sera" wollen die McKennas ihrem Sohn Hank ausfindig machen – in der Hoffnung, dass er das Lied hört und darauf antwortet. In einer frühen Szene des Films wurde bereits gezeigt, dass der kleine Junge mit dem Song vertraut ist und ihn sogar pfeifen kann. Auch in der vorliegenden Szene tut er dies und kann den Eltern so seinen Standort verraten. Ben McKenna findet anschließend das Versteck des Jungen. Die Szene zeigt beispielhaft die erfolgreiche Lösung einer

Spannungssituation durch die handlungsfähigen Protagonisten. Obgleich räumlich eingeschränkt – Jo ist durch ihren Auftritt an den Empfangssaal gebunden – gelingt die Erweiterung des Handlungsraums durch die Interpretation des berühmten Kinderliedes. Entsprechend wird die Spannungssituation, bisher lediglich durch eine latente Deadline definiert, ausformuliert: Wird Jos Gesang bis zu ihrem Kind vordringen? Schaffen die McKennas es noch, ihren Sohn zu retten? Die exploratorische Raumdynamik geht von der Tonebene aus. Der Gesang treibt die Expansion des figuralen Spielraums voran, ohne dass sich die Figur überhaupt fortbewegt. Ferner motiviert hierbei der Tonraum die Erweiterung von Bild- und Montageraum. Jos Stimme ist ein „akustischer Datenstrom" (Flückiger 2001, 299), an dem die visuelle Informationsvergabe orientiert ist. Sie „schwebt" buchstäblich aus dem Saal in die Empfangshalle, „steigt" zahlreiche Treppen hinauf und überwindet schließlich sogar eine verschlossene Tür. Die akustische Expansion wird durch entsprechende Einstellungen verdeutlicht, die immer neue Raumausschnitte zeigen (siehe Abb. 74-87; Anhang Nr. 3). Der *offscreen sound* motiviert Kamerabewegungen und Schnittfolge, allerdings nicht im herkömmlichen Sinne. Üblicherweise begründet ein akustisches Zeichen im *offscreen space* die Einblendung seiner Quelle in der folgenden Einstellung. In THE MAN WHO KNEW TOO MUCH wird ein anderes „Kausalverhältnis" etabliert. Die Tonquelle ist bereits angezeigt (Jo McKenna am Klavier) und im *onscreen space* verortet worden (Empfangssaal im Erdgeschoss). Anschließend wird die Klangquelle in den *offscreen space* verschoben, bleibt aber präsent und scheint ganz automatisch die neuen Raumausschnitte hervorzurufen. Die Szene zeigt, welche Eigenschaften des Tons an der filmischen Raumkonstruktion mitwirken: seine Mobilität und Direktionalität (in Anlehnung an Alibert 2008, 70ff.). Die Verschiebung des Bildraums hängt unmittelbar mit seiner richtungsweisenden Funktion zusammen (vgl. Chion 1990, 16). *Shot* und *editing space* visualisieren die Strecke, welche der *sonic space* zurücklegt; die Filmbilder werden durch den Gesang „vektorisiert" (vgl. ebd.). Der Handlungsort wird im wahrsten Sinne stufenweise erschlossen, alle raumstrukturellen Hindernisse werden bewältigt. Zunächst „fließt" der „akustische Datenstrom" über das Treppenhaus nach oben. Als gliederndes und verbindendes Element ist die Treppe im Film ein gängiges Motiv der Raumbeherrschung und -überwindung: „Treppen gewährleisten, dass die Menschen zueinanderkommen. Treppen verbinden, schaffen Kommunikation [...]" (Prümm, 2012, 194). In THE MAN WHO KNEW TOO MUCH wird diese Funktionalität effektiv herausgestellt: In sechs aufeinanderfolgenden Einstellungen erfolgt ein visuelles Abtasten und Überwinden von Raum (in Anlehnung an ebd., 195). Die Stufen bleiben unbevölkert, da keine Figur tatsächlich die Treppe hinaufsteigt. Dennoch erfüllt der „mitreisende" *offscreen sound* die Semantik des Motivs. „Vor allem kann die Bewegungschoreografie der Treppe im Spielfilm mit der Bewegung der Erzählung [...] und ihrer Dramaturgie koordiniert werden. Damit wird die Treppe auch als symbolische Form nutzbar [...]" (ebd., 198). Die Wiedervereinigung von Eltern und Kind ist in der Bildsequenz durch das auditive Ereignis im *offscreen space* unweigerlich enthalten. Desweiteren kommt abermals das Motiv der Tür zum Einsatz. Auch hier bildet eine Tür die letzte Schwelle zwischen einem verschlossenen Raum (das Versteck von Hank und Mrs. Drayton) und einem dynamischen Ereignisraum (Jos Stimme). Im Gegensatz zu REAR WINDOW wird die Semantik des Ereignisraums umgekehrt. Während das Zimmer einen Gefängnisraum stellt, in dem das Kind bis zu seiner Ermordung festgehalten wird, fungiert der expansive Aktionsraum der McKennas als Verheißung von Freiheit (in Anlehnung an Keppler/Seel 2012, 190ff.). Als letztes trennendes Element zwischen dem freiheitsberaubenden „Drinnen" und dem befreienden „Draußen" muss die Tür unbedingt überwunden werden (ebd., 193), um den Sohn in den Problemlöseprozess zu integrieren. Die Schwellen- und Hürdenfunktion der Tür wird mehrmals prominent ausgestellt: In drei Einstellungen (Totale, Halbnahe und Großaufnahme) wird die sukzessive Durchdringung des raumstrukturellen Hindernisses dargestellt. In seiner Verzweiflung rüttelt Hank am Türknauf, beim Pfeifen steht er ganz dicht vor der Tür. Auch als sich auf dem Flur ein Eindringling nähert, von dem nicht klar ist, ob es sich um den mörderischen Mr. Drayton oder Hanks Vater handelt, wird abermals die Tür in einer Detailaufnahme gezeigt (siehe Anhang Nr. 3).

Abb. 74 bis 87: Die Expansion des Handlungsraums wird durch akustische Zeichen vorangetrieben und durch den Einstellungs- und Montageraum aufgenommen.

In dieser Spannungsszene wird die „Grundeigenschaft akustischer Ereignisse" (Flückiger 2001, 302) konsequent zur Aufführung gebracht: „Sie sind invasiv und ubiquitär, sie durchdringen Mauern und gehen um Ecken" (ebd., 302f.). Bei Jos Gesang handelt es sich, ebenso wie bei den Schritten des Mörders in REAR WINDOW, um einen aktiven Off-Ton, der eine ganz bestimmte Handlungsrichtung vorgibt (vgl. ebd., 303). Er ist von indexikalischem Wert, sowohl Figuren als auch Zuschauer reagieren auf ihn: Für die McKennas und ihren Sohn zeigt das Pfeifen bzw. der Gesang die Nähe des anderen an. Für den Zuschauer vermitteln diese akustischen Zeichen den Problemlösungsprozess, die Erweiterung und Zusammenführung der figuralen Handlungsräume, was schlussendlich die Rettung des Kindes bedeutet. Die Antizipation des Zuschauers wird verstärkt auf einen positiven Ausgang gelenkt, je weiter die Stimme Jos „vorankommt". Der Song „Que sera, sera" überwindet – den Einstellungen nach zu urteilen – zwei Etagen und ist auch bei geschlossener Tür noch gut zu vernehmen. Dies wird einerseits diegetisch begründet – Jo singt den Refrain lauter als angebracht, was die Zuhörer in der Botschaft sichtlich irritiert.[8] Andererseits verweist die hier demonstrierte Reichweite des Gesangs auf den *Vocozentrismus* des Kinos: In der konventionellen Tonmischung steht die (menschliche) Stimme an der Spitze der Ton-Hierarchie, d.h. phonische Zeichen sind i.d.R. am häufigsten und lautesten zu hören (vgl. Alibert 2008, 75f.). Innerdiegetische Musik und Geräusche, besonders hintergründige, werden in der Lautstärke oft stark zurückgenommen, um das akustische Verständnis von Gesprächen etc. zu sichern. Sprechen bspw. zwei Figuren an einer Straßenkreuzung miteinander, sind die Geräusche des Verkehrs als akustische Hintergrundkulisse sehr viel leiser als es in Wirklichkeit der Fall wäre. Nur wenn die Geräusche einen informativen oder expressiven Mehrwert haben, werden sie stärker herausgestellt – so geschehen in REAR WINDOW: Die Schritte auf dem Flur sind in der diskutierten Spannungsszene überdeutlich zu hören, da sie die kommende Todesgefahr ankündigen. Umgekehrt können stimmliche Signale im Film häufig in einem viel größeren Radius wahrgenommen werden. Es ist in der vorliegenden Szene durchaus strittig, ob die Stimme – wenngleich von einer professionellen Sängerin – zwei Etagen höher noch derart klar zu hören sein kann. Nichtsdestominder dient sie als narrativ strukturierendes

---

[8] Natürlich wird auch die Wahl des Musikstückes zur allgemeinen Irritation beitragen. „Que sera, sera" mutet eher als Kinderlied an und scheint für den offiziellen Empfang und das Klientel nicht geeignet zu sein.

Element (in Anlehnung an ebd., 76). Die „Mise-en-sons" (ebd., 84), in diesem Fall die Ausdrucks- und Lautstärke von Jos Singstimme, fördert die Hoffnung auf ein glückliches Ende. Die Transformation des Handlungsraums ist konsequent auf die positive Zielstellung ausgerichtet. Anstatt dem Problemraum fortwährend neue Komplikationen hinzuzufügen, wie etwa in der Maisfeld-Szene aus NORTH BY NORTHWEST, werden mit der Exploration des figuralen Spielraums auch tatsächlich die Handlungsmöglichkeiten erweitert. Sobald das vertraute Lied seine Ohren erreicht, kann Hank darauf antworten und an seiner Rettung mitarbeiten. Mit der akustischen Bestätigung seiner Anwesenheit haben die McKennas endlich Gewissheit über den Verbleib ihres Kindes und ergreifen entsprechende Maßnahmen: Der Vater verlässt den Konzertraum und folgt den Pfiffen des Sohnes in die obere Etage. Als einzige Komplikation und potenziell verunsicherndes Element wirkt die plötzliche Forcierung der Deadline für den Jungen (siehe 4.2.2). Auf räumlicher Ebene wird die Problemsituation nahezu unbeirrt ihrer Lösung zugeführt. Die zunächst getrennten Aktionsräume der Figuren kommen einander kontinuierlich näher, bis sie mit Bens Einbruch in das Versteck endgültig zusammenfallen. Diese finale Sequenz reflektiert das Gesamtkonzept des Films. Im Laufe der Handlung kollidiert der Aktionsraum der Familie McKenna immer wieder mit den Machenschaften von Agenten, Verschwörern und Gesetzeshütern. Mit der Entführung des Sohnes durch das Ehepaar Drayton wird die globale Zielstellung etabliert: die Wiedervereinigung der Familie. Folglich sind alle Handlungsstrukturen auf die räumliche Zusammenführung von Protagonisten und Antagonisten ausgerichtet. Die McKennas versuchen verzweifelt, den Entführern auf die Spur zu kommen. Mehrmals nähert sich ihr Aktionsraum dem momentanen Aufenthaltsort der Verschwörer an. Doch erst in der Schlusssequenz gelingt die „Eroberung" des feindlichen Territoriums. Der befreiende Ereignisraum dringt in den Gefängnisraum ein und löst diesen auf.

Die konträren Beispiele explorativer Raumdynamik zeigen, dass auch ein flexibler und expansiver Handlungsraum in einem mehrschichtigen Abhängigkeitsverhältnis steht. So entscheiden der Informationsstand der Figuren sowie der zeitliche Fortschritt der Spannungssituation über die Nutzung der räumlichen Möglichkeiten. Der Aktionsraum von Roger Thornhill in NORTH BY NORTHWEST bleibt zunächst immobil und kommt erst mit der Anerkennung der Gefahr in Bewegung. Der Informationsausgleich überführt die durch Suspense gekennzeichnete Wartephase in die Phase der Problemlösung. Dahingegen steigt die finale Sequenz aus THE MAN

WHO KNEW TOO MUCH sogleich in die Problemlösephase ein. Die Protagonisten sind sich des Risikos bereits bewusst und nutzen aktiv den möglichen Aktionsradius. Der graduelle Informationsvorsprung des Zuschauers über die latente Deadline erhöht u.U. noch das Begehren nach einer baldigen Resolution, ändert jedoch grundsätzlich nichts an der vorgegeben Situation. Darüber hinaus bestimmen die Struktur des Handlungsortes und die damit verbundene Handlungsmacht der Figur den Unsicherheitsgrad des Zuschauers. Die Expansion des Handlungs(spiel-)raumes in THE MAN WHO KNEW TOO MUCH wird von vornherein durch das Setting begünstigt. Der Innenraum der Botschaft weist eine segmentale Anordnung von Teilräumen auf, welche der Wüste in NORTH BY NORTHWEST fehlt. Der Handlungsort ist klar eingegrenzt und durch raumstrukturelle Elemente wie Treppen, Türen und Durchgänge gegliedert. Die erfolgreiche Resolution wird durch die räumlichen Möglichkeiten quasi prästrukturiert: Die Handlungsoptionen sind von vornherein begrenzt, da das Botschaftsgebäude einen umgrenzten Raum ohne Ausflüchte stellt und spezifische Grenzen für das Handeln der Protagonisten vorgibt. Die Limitierung des Settings gereicht den Protagonisten in diesem Fall zum Vorteil. Die Maisfeld-Szene ist nicht von derart spezifischen Parametern umrissen, wodurch jeder raumbezogene Lösungsweg erst gesucht werden muss (in Anlehnung an Wulff 1994, 110). Roger Thornhill kann seine Handlungen nicht planen und muss spontan auf die situationalen Widrigkeiten reagieren. Die McKennas hingegen führen eine mehr oder weniger sorgfältig vorbereitete Rettungsaktion durch. In Absprache mit der Londoner Polizei fahren sie zur Botschaft – vorgeblich, um den Premierminister zu besuchen, dem Jo zuvor das Leben rettete. Auf der Fahrt zum Tatort gibt Ben seiner Frau bereits die Anweisung, für die Gäste in der Botschaft zu singen. Die Protagonisten gestalten von Anfang an aktiv den Problemlöseprozess – mit Erfolg. Die Auflösung der Spannungssituation wird durch die Figurenhandlungen herbeigeführt, wohingegen der Protagonist in NORTH BY NORTHWEST auf eine zunehmend unwahrscheinliche Rettung per Zufall hoffen muss. Durch die spezifische Verknüpfung informationeller, zeitlicher und räumlicher Bedingungen sowie die individuelle formale Auflösung stellen auch diese beiden diskutierten Sequenzen, wie schon ihre Vorgänger, höchst differente Textangebote an den Zuschauer dar.

## 6. Fazit und Ausblick

In der vorliegenden Abschlussarbeit wurden ausgewählte Szenen aus Alfred Hitchcocks Filmen NORTH BY NORTHWEST (1959), NOTORIOUS (1946), REAR WINDOW (1954), SABOTAGE (1936), SABOTEUR (1942), STRANGERS ON A TRAIN (1951), THE BIRDS (1963) und THE MAN WHO KNEW TOO MUCH (1956) auf ihre textuellen Spannungsangebote untersucht. Das Forschungsinteresse richtete sich auf die filmische Ausgestaltung und Koordination informationeller, zeitlicher und räumlicher Parameter. Im Zuge der Analysen konnte ein variationsreiches dramaturgisches Feld aufgedeckt werden. Bereits einzeln betrachtet sind die Möglichkeiten der Informationsverteilung, zeitlichen Strukturierung und räumlichen Darstellung vielfältig. Die Parameter ließen sich in der Analyse wie die Schichten einer Zwiebel auseinander schälen, arbeiten aber stets gleichzeitig an der Entfaltung einer Spannungssituation. Sie strukturieren simultan die Erwartungen und Antizipationen des Zuschauers – jedoch mit ungleicher Intensität und Stringenz. Die filmische Behandlung von Raum und Zeit sowie das Informationsgefälle zwischen Protagonist und Zuschauer können *jeweils* einer singulären Strategie folgen, z.B. einen absoluten Informationsvorsprung bis zum Ende beibehalten oder die Verengung des Handlungsraums konsequent vorantreiben oder aber innerhalb der betroffenen Sequenz changieren, indem verschiedene Strategien miteinander kombiniert werden oder einander ablösen, bspw. durch die Kombination einer expliziten Deadline mit diegetischen Verzögerungen oder den Übergang von Informationsgleichstand zu einem graduellen Wissensvorsprung.

Der Spannungstext lässt also zahlreiche Kombinationen und Modulationen zu: Die untersuchten Szenen haben gezeigt, dass die Drehschrauben nicht gleich stark angezogen werden. Die Zeit- und Raumdramaturgien spitzen sich nicht proportional zu. Der Problem(löse-)raum kann durch die einzelnen Parameter präzisiert und forciert oder aber destabilisiert und transformiert werden. Der Unsicherheitsgrad des Zuschauers kann entlang dieser Verknüpfungen und Wandlungen unterschiedlich stark zwischen Angst und Hoffnung schwanken. Je nachdem, ob die Zeit- und Raumdramaturgien einander ausloten oder verstärken, alternieren bzw. sinken die Chancen des Protagonisten auf Rettung. Zwar sind die informationellen, zeitlichen und räumlichen Parameter keineswegs von vornherein aufeinander festgelegt, wohl aber konnten signifikante Interdependenzen aufgedeckt werden. Das Informationsgefälle und die Mobilität des Handlungsraums hängen mit dem zeitlichen Fortschritt der Gefahrensituation zusammen. Ein absoluter Informationsvorsprung sowie ein invarianter Handlungsraum sind nur solange haltbar, wie sich die betroffene Szene noch in der Phase der Ausformulierung befindet. Soll ein Problemlöseprozess angestoßen werden, muss ein zumindest partieller Informationsausgleich zwischen Zuschauer und Figur stattfinden. Erst mit hinreichend übereinstimmenden Situationsdefinitionen kann eine Dynamisierung des figuralen Aktionsraums begründet werden.

Die situationale Spannungsanalyse erschöpft sich nicht in der raumzeitlichen Auflösung einer Szene. Das beweist schon ein kurzer Blick auf die Tennismatch-Sequenz in STRANGERS ON A TRAIN: Um seine Unschuld am Tod seiner Frau zu beweisen, muss Protagonist Guy seinen Widersacher Bruno daran hindern, sein Feuerzeug mit persönlicher Prägung am Tatort zu platzieren. Bevor er zum Vergnügungspark aufbrechen kann, muss er ein Tennismatch gewinnen. Bruno ist bereits auf dem Weg, um Guys Feuerzeug am Tatort zu platzieren. Beide Parteien wollen vor Einbruch der Dunkelheit am Tatort angelangen. Aus räumlicher Sicht werden hier zwei Handlungsräume aufgezogen, die sich über kurz oder lang aufeinander zubewegen (sollen). Auf zeitlicher Ebene ist die Sequenz durch die Kombination einer für Protagonist und Antagonist gleichermaßen gültigen Deadline mit diegetischen Verzögerungen gekennzeichnet: Guy verliert einen Satz, wodurch sich sein Aufbruch nach hinten verschiebt. Um die Lage nun noch weiter zu verkomplizieren, verliert Bruno das für beide Seiten potenziell kompromittierende Beweisstück in einem Gully. Der Antagonist versucht daraufhin, unter höchster physischer Anstrengung das Feuerzeug aus dem Schacht fischen. Das textuelle Spannungsangebot wird durch diese Episode um gleich mehrere Fragen bereichert: Soll der Antagonist das Feuerzeug wiederbekommen, das entweder den Protagonisten oder ihn selbst überführen könnte? Wie beeinflusst die Beobachtung seiner körperlichen Qual die Wahrnehmung der Verzögerung? Übertrifft die „somatische Empathie" (vgl. Brinckmann 1999, 111) für den Antagonisten die Sympathie für den Protagonisten? Welche Lösung ist für die Situation moralisch erwünscht? Mit wem soll das Publikum nun mitfiebern?

Die analysierten Szenen teilten im Großen und Ganzen dieselbe moralische Unbedenklichkeit: Eine sympathische, protagonistische Figur wurde einer bedrohlichen, möglicherweise tödlichen, Situation ausgesetzt – selbstverständlich darf man sich ihre Rettung wünschen. Dagegen hält nun die angesprochene Sequenz aus STRANGERS ON A TRAIN: Wie verändert sich der ohnehin schon komplexe Problemraum, wenn die Sympathien unklar verteilt sind und das Publikum einer leiblichen Schädigung des Antagonisten beiwohnen muss? Provoziert der spontane „körperliche Mitvollzug" (ebd.) nicht den Wunsch nach Erlösung der betroffenen Figur? In welches Dilemma wird der Zuschauer dadurch eingespannt? Wird seine moralische Unversehrtheit angegriffen? Entlang dieser Überlegungen treten neue Parameter textueller Spannung zutage, die das hier angerissene Schichtenmodell im Zuge weiterführender Analysen nochmals ausdehnen werden.

# Bibliografie

Alain (1983): *Système des Beaux-Arts*. Paris: Gallimard (Orig. 1920).

Alibert, Jean-Louis (2008): *Le son de l'image*. Grenoble: Presses Universitaires de Grenoble.

Bordwell, David (1985): *Narration in the Fiction Film*. London [u.a.], Routledge.

Bordwell, David/Thompson, Kristin (2008): *Film Art. An Introduction*. 8. Aufl., Boston [u.a.], McGraw-Hill.

Borringo, Heinz-Lothar (1980): *Spannung in Text und Film. Spannung und Suspense als Textverarbeitungskategorien*. Düsseldorf: Schwann.

Branigan, Edward (2006): *Narrative Comprehension and Film*. London [u.a.]: Routledge.

Brinckmann, Christine N. (1999): Somatische Empathie bei Hitchcock – Eine Skizze. In: Heller, Heinz B./Prümm, Karl/Peulings, Birgit (Hrsg.): *Der Körper im Bild. Schauspielen – Darstellen – Erscheinen*. Marburg: Schüren, S. 111-120.

Canudo, Ricciotto (1995): *Manifeste des Sept Arts*. Paris: Éditions Séguier – collection «Carré d'Art» (Orig. 1921).

Carroll, Noël (1996): *Theorizing the moving image*. Cambridge: Cambridge Univ. Press.

Chion, Michel (1985): *Le son au cinéma*. Paris: Cahiers du cinéma.

Chion, Michel (1990): *L'audio-vision. Son et image au cinéma*. Paris: Nathan.

Corrigan, Timothy/White, Patricia (2012): *The Film Experience*. 5. Aufl., Boston [u.a.]: Bedford/St. Martins.

de Wied, Minet (1991): *The role of time structures in the experience of film suspense and duration. A study on the effects of anticipation time upon suspense and temporal variations on duration experience and suspense*. Amsterdam: Amsterdam University Press.

de Wied, Minet (1995): The role of temporal expectancies in the production of film suspense. In: *Poetics*, Jg. 23, Nr. 1-2, S. 107-123.

Eder, Jens/Wulff, Hans J. (2012): *Höhepunkt I: Erlebensform*, http://filmlexikon.uni-kiel.de/index.php?action=lexikon&tag=det&id=1049, abgerufen am 06.02.2015.

Flückiger, Barbara (2001): *Sound Design. Die virtuelle Klangwelt des Films*. Marburg: Schüren.

Goetsch, Paul (1997): Spannung, Text und Ton in Hitchcocks spektakulären Szenen. In: Goetsch, Paul/Scheunemann, Dietrich (Hrsg.): *Text und Ton im Film*. Tübingen: Narr, S. 141-164.

Hartmann, Britta (2009): *Aller Anfang. Zur Initialphase des Spielfilms*. Marburg: Schüren.

Jenzowsky, Stefan/Wulff, Hans J. (1996): *Suspense-/Spannungsforschung des Films: Bericht und Bibliographie*. http://www.derwulff.de/7-5, abgerufen am 23.07.2013.

Keppler, Angela/Seel, Martin (2012): Türen. In: Brinckmann, Christine N./Hartmann, Britta/Kaczmarek, Ludger (Hrsg.): *Motive des Films. Ein kasuistischer Fischzug*. Marburg: Schüren, S. 189-193.

Kuhn, Markus (2011): *Filmnarratologie. Ein erzähltheoretisches Analysemodell*. Berlin [u.a.]: de Gruyter.

Lahde, Maurice (2012): «It always stops at one on the show». Erzählmotiv und Dramaturgie des Countdown. In: Brinckmann, Christine N./Hartmann, Britta/Kaczmarek, Ludger (Hrsg.): *Motive des Films. Ein kasuistischer Fischzug*. Marburg: Schüren, S. 251-257.

North by Northwest trailer (Alfred Hitchcock) (2007): https://www.youtube.com/watch?v=HRfmTpmIUwo, abgerufen am 13.03.2015.

Prümm, Karl (2012): Treppauf und treppab. Zum Motiv der Treppe in den visuellen Künsten und im Film. In: Brinckmann, Christine N./Hartmann, Britta/Kaczmarek, Ludger (Hrsg.): *Motive des Films. Ein kasuistischer Fischzug*. Marburg: Schüren, S. 194-205.

Stiegler, Christina (2011): *Die Bombe unter dem Tisch. Suspense bei Alfred Hitchcock – oder: Wie viel weiß das Publikum wirklich?* Konstanz: UVK.

Tan, Ed S. (2011): *Emotion and the Structure of Narrative Film. Film as an Emotion Machine*. New York [u.a.]: Routledge.

Traber, Bodo/Edling, Hansjörg (2012): Geschlossene Räume. Überlegungen zur Motivik des Gefangenseins. In: Brinckmann, Christine N./Hartmann, Britta/Kaczmarek, Ludger (Hrsg.): *Motive des Films. Ein kasuistischer Fischzug*. Marburg: Schüren, S. 236-242.

Truffaut, François (1967): *Hitchcock*. New York: Simon and Schuster.

Türschmann, Jörg (2002): Raumverengung als Spannungsstrategie. Les mystères de Paris (1842/43, 1943, 1962). In: Dürr, Susanne/Steinlein, Almut (Hrsg.): *Der Raum im Film – L'espace dans le film*. Frankfurt am Main [u.a.]: Lang, S. 101-114.

Vorderer, Peter/Wulff, Hans J./Friedrichsen, Mike (1996): *Suspense. Conceptualizations, Theoretical Analyses, and Empirical Explorations*. 1. Aufl. Mahwah, NJ, Erlbaum.

Wulff, Hans J. (1990): *Erzähltextanalyse*. http://www.derwulff.de/2-26, abgerufen am 16.12.2014.

Wulff, Hans J. (1993a): *Textsemiotik der Spannung*. http://www.derwulff.de/2-54, abgerufen am 24.10.2014.

Wulff, Hans J. (1993b): Spannungsanalyse: Thesen zu einem Forschungsfeld. In: *Montage/AV*, Jg. 2, Nr. 2, 1993, S. 97-100.

Wulff, Hans J. (1994): Die Maisfeld-Szene aus NORTH BY NORTHWEST. Eine situationale Analyse. In: *Montage/AV*,3,1, S. 97-114.

Wulff, Hans J. (1999a): *Mitteilen und Darstellen: Elemente einer Pragmasemiotik des Films 3. Filmraum – Handlungsraum – sozialer Raum. 3.1 Bildraum und szenischer Raum*. http://www.derwulff.de/1-5-3-1, abgerufen am 27.10.2014.

Wulff, Hans J. (1999b): *Mitteilen und Darstellen: Elemente einer Pragmasemiotik des Films 3. Filmraum – Handlungsraum – sozialer Raum. 3.2 Raum und Handlung*. http://www.derwulff.de/1-5-3-2, abgerufen am 27.10.2014.

Wulff, Hans J. (1999c): *Mitteilen und Darstellen: Elemente einer Pragmasemiotik des Films 3. Filmraum – Handlungsraum – sozialer Raum. 3.3 Symbolische Funktionen des Raums*. http://www.derwulff.de/1-5-3-3, abgerufen am 27.10.2014.

Wulff, Hans J. (2002): *Spannungserleben und Erfahrungskonstitution: Vorüberlegungen zu einer phänomenologischen Untersuchung*. http://www.derwulff.de/2-113, abgerufen am 23.07.2013.

Wulff, Hans J.(2007): Schichtenbau und Prozesshaftigkeit des Diegetischen. Zwei Anmerkungen. In: *Montage AV* 16,2, S. 39-52.

Wulff, Hans J. (2009): Die kontextuelle Bindung der Filmbilder: *on, off, master space*. Ein Beitrag zur Raumtheorie des Films. In: *Montage AV* 18,2, S. 149-163.

Wuss, Peter (1993): Grundformen filmischer Spannung. In: *Montage AV* 2,2, 1993, S. 101-116.

## Filmografie

NORTH BY NORTHWEST (Alfred Hitchcock, USA 1959).
NOTORIOUS (Alfred Hitchcock, USA 1946).
REAR WINDOW (Alfred Hitchcock, USA 1954).
SABOTAGE (Alfred Hitchcock, UK 1936).
SABOTEUR (Alfred Hitchcock, USA 1942).
STRANGERS ON A TRAIN (Alfred Hitchcock, USA 1951).
THE 39 STEPS (Alfred Hitchcock, UK 1935).
THE BIRDS (Alfred Hitchcock, USA 1963).
THE MAN WHO KNEW TOO MUCH (Alfred Hitchcock, USA 1956).

# Anhang

## 1. Einstellungsprotokoll: THE BIRDS
TC 01:06:19 – 01:09:02

| Nr. | Dauer (s) | Ein-stel-lungs-größe | Screenshots | Bildinhalt/-komposition | Handlung / Figurenverhalten | Kameraposition/-bewegung | Beleuchtung/ Kontrast | Ton: Dialog, Musik, Geräusche |
|---|---|---|---|---|---|---|---|---|
| 0 | 45 | HT | | Eingangstür der Schule mittig im Bild, Treppe am unteren Rand, Geländer & Baum links von Treppe | Melanie steigt die Treppe hinunter | Kamera zunächst in Froschperspektive, langsame Fahrt nach unten (Melanies Bewegung folgend), Kameraposition dann etwas unter Augenhöhe | Weiche, unscharfe Schatten | Kindergesang (wenig gedämpft) |
| | | | | | | | | Schritte auf Treppe |
| | | A | | Melanie in Bildmitte, Treppe im Hintergrund, Tür am oberen Bildrand | Melanie bleibt am Fuße der Treppe stehen, hängt sich die Tasche über den Arm, blickt sich um | | | |
| | | A | | Melanie in Bildmitte, Wiese mit Klettergerüst im Hintergrund, Baum & Schulmauer am rechten | Melanie läuft am Zaun entlang, am Klettergerüst vorbei | Langsamer Kameraschwenk nach links | Hauptbeleuchtung = Sonnenlicht von links, Schatten auf Melanies Jacke | Kaum hörbar: Schritte |

| | | | Bildrand | | | |
|---|---|---|---|---|---|---|
| | | T | Melanie vor Bank in Bildmitte, Haus mit Zaun im Hintergrund, Himmel im oberen Bilddrittel, Grashügel im unteren Bilddrittel | Melanie läuft weiter am Zaun entlang, erreicht eine Bank, setzt sich | | Hauptbeleuchtung = Sonnenlicht von rechts, Haus im Schatten, scharfe Schatten | |
| 1 | 9 | HN | Melanie vordergründig in rechter Bildhälfte, Zaun & Klettergerüst im Hintergrund, Schulgebäude am rechten Bildrand, Vogel in linker Bildhälfte | Melanie setzt sich, verschränkt die Arme, überschlägt die Beine, schaut nach rechts Richtung Schule, holt Zigaretten aus ihrer Tasche, ein Vogel lässt sich auf dem Klettergerüst nieder | Kamera auf Augenhöhe | Hauptbeleuchtung von oben links, Kontrast durch schattige Gebäude und helles Kostüm Melanies | Kindergesang (etwas leiser), leichtes Klappern (durch Kramen in der Tasche) |
| 2 | 16 | HN | Melanie in Bildmitte, Hintergrund: Zaun, Schulgebäude mit Bäumen | Melanie zündet die Zigarette an, nimmt einen Zug | Kamera etwas über Augenhöhe | Hauptbeleuchtung von oben links, Kontrast durch schattige Gebäude und helles Kostüm | Kindergesang, leichtes Klappern (durch Kramen in der Tasche), Klicken des Feuerzeugs |
| 3 | 3 | HT | Klettergerüst mit Vögeln mittig im Bild, Zaun am unteren Bildrand, Schulgebäude am rechten Bildrand, kleines Gebäude am linken Bildrand | Vier Vögel auf dem Klettergerüst | Kamera in leichter Untersicht | Hauptbeleuchtung von oben links, Kontrast durch dunkles Klettergerüst sowie schwarze Krähen und hellblauen Himmel | Kindergesang |

| | | | | | | | |
|---|---|---|---|---|---|---|---|
| 4 | 7 | N | | Melanie in Bildmitte, Hintergrund: Zaun, Schulgebäude mit Bäumen | Melanie raucht | Kamera auf Augenhöhe | Hauptbeleuchtung von links, Kontrast durch schattige Gebäude und helles Kostüm | Kindergesang, Windrauschen |
| 5 | 2 | HT | | Klettergerüst mit Vögeln mittig im Bild, Zaun am unteren Bildrand, Schulgebäude am rechten Bildrand, kleines Gebäude am linken Bildrand | Ein weiterer Vogel landet auf dem Klettergerüst | Kamera in leichter Untersicht | Hauptbeleuchtung von oben links, Kontrast durch dunkles Klettergerüst sowie schwarze Krähen und hellblauen Himmel | Kindergesang |
| 6 | 11 | N | | Melanie in Bildmitte, Hintergrund: Zaun, Schulgebäude mit Bäumen | Melanie raucht, blickt nach rechts über die Schulter zur Schule, schaut nach unten, dann auf ihre Zigarette | Kamera auf Augenhöhe | Hauptbeleuchtung von links, Kontrast durch schattige Gebäude und helles Kostüm | Kindergesang, Windrauschen |
| 7 | 3 | HT | | Klettergerüst mit Vögeln mittig im Bild, Zaun am unteren Bildrand, Schulgebäude am rechten Bildrand, kleines Gebäude am linken Bildrand | Zu den 7 Vögeln gesellen sich 2 weitere | Kamera in leichter Untersicht | Hauptbeleuchtung von oben links, Kontrast durch dunkles Klettergerüst sowie schwarze Krähen und hellblauen Himmel | Kindergesang, Windrauschen (sehr schwach) |

| | | | | | | | | | |
|---|---|---|---|---|---|---|---|---|---|
| 8 | 27 | N | | | Melanie in Bildmitte, Hintergrund: Zaun, Schulgebäude mit Bäumen | Melanie raucht, blickt mehrmals nervös zur Schule, beißt sich auf die Lippe, blickt auf ihre Zigarette, wirft sie weg, schaut dann nach oben | Kamera auf Augenhöhe | Hauptbeleuchtung von links, Kontrast durch schattige Gebäude und helles Kostüm | Kindergesang, Windrauschen (wieder etwas stärker) |
| 9 | 4 | T | | | Vogel vor blauem Himmel (gesamtes Bild), Stromleitungen in unterer Bildhälfte | Vogel fliegt nach rechts | Kamera in Froschperspektive, Fahrt nach rechts | Kontrast durch schwarze Krähe und hellblauen Himmel | Kindergesang, Windrauschen (sehr schwach) |
| 10 | 4 | N | | | Melanie in Bildmitte, Hintergrund: Zaun, Schulgebäude mit Bäumen | Melanie schaut weiter gen Himmel, folgt der Bewegung des Vogels, dreht sich dabei nach links | Kamera auf Augenhöhe | Hauptbeleuchtung von links, Kontrast durch schattige Gebäude und helles Kostüm | Kindergesang, Windrauschen (sehr schwach) |
| 11 | 5 | T | | | Vogel vor blauem Himmel, Haus & Baum in unterer Bildhälfte | Vogel überfliegt Haus und Baum, landet auf dem Klettergerüst bei den unzähligen anderen Vögeln | Kamera in Froschperspektive, Fahrt weiter nach rechts | Kontrast durch schwarze Krähe und hellblauen Himmel | Kindergesang, Windrauschen (sehr schwach) |

| | | | | | | | | |
|---|---|---|---|---|---|---|---|---|
| 12 | 1 | HT | | Klettergerüst mit Vögeln mittig im Bild, Zaun am unteren Bildrand, Schulgebäude am rechten Bildrand, kleines Gebäude am linken Bildrand | | Kamera auf „Augenhöhe" | Hauptbeleuchtung von links, Kontrast durch dunkles Klettergerüst sowie schwarze Krähen und hellblauen Himmel | |
| 12 | 2 | N | | Melanie in rechter Bildhälfte, Hintergrund: Feld in unterer Bildhälfte & Himmel in oberer Bildhälfte, Baumkrone in rechter oberer Ecke | Melanie steht auf, starrt auf das Klettergerüst | Kamera auf Augenhöhe | Hauptbeleuchtung von vorne, Schatten im Gesicht | Kindergesang, Windrauschen |
| 13 | 3 | HT | | Klettergerüst mit Vögeln mittig im Bild, Zaun am unteren Bildrand, Schulgebäude am rechten Bildrand, kleines Gebäude am linken Bildrand | Vereinzelt flattern ein paar Vögel mit den Flügeln | | Hauptbeleuchtung von links (etwas heller), Kontrast durch dunkles Klettergerüst sowie schwarze Krähen und hellblauen Himmel | Kindergesang |
| 14 | 4 | N | | Melanie in rechter Bildhälfte, Hintergrund: Schulgebäude mit Bäumen | Melanie wendet sich entsetzt zur Schule, läuft vorsichtig los, blickt zurück zum Klettergerüst | Kamera auf Augenhöhe, langsame Fahrt nach vorne (Melanies Bewegung folgend) | Hauptbeleuchtung von links, Kontrast durch schattige Umgebung und helles Kostüm | Kindergesang, Windrauschen (sehr schwach), schnelle Schritte |

| | | | | | | |
|---|---|---|---|---|---|---|
| 15 | 3 | HT | | Klettergerüst mit Vögeln vordergründig, Baum/Strauch am rechten Bildrand | Vereinzelt flattern ein paar Krähen mit den Flügeln | Langsame Kamerafahrt nach hinten rechts | Hauptbeleuchtung von hinten (etwas heller), Kontrast durch schwarze Krähen und hellblauen Himmel | Kindergesang, Windrauschen (sehr schwach), schnelle Schritte |
| 16 | 2 | HN | | Melanie in Bildmitte, Schulgebäude mit Baumsträuchern im Hintergrund, Fenster am oberen Bildrand | Melanie läuft am Schulgebäude entlang, blickt zurück | Kamerafahrt etwas schneller nach rechts (Melanies Bewegung folgend) | Hauptbeleuchtung von links, Kontrast durch schattigen Hintergrund und helles Kostüm | Kindergesang |
| 17 | 4 | HT | | Klettergerüst mit Vögeln mittig im Bild, Grashügel im Hintergrund, Baum/Strauch am rechten Bildrand, Laternenpfahl im Vordergrund | Vereinzelt flattern ein paar Vögel mit den Flügeln | Kamerafahrt nach rechts | Hauptbeleuchtung von rechts oben, Kontrast durch schwarze Krähen und hellblauen Himmel | Kindergesang |
| 18 | 10 | HN → HT | | Melanie in Bildmitte, Treppe in unterer Bildhälfte, Tür in oberer Bildhälfte, Strauch & Geländer am linken Bildrand | Melanie läuft die Treppe hinauf, öffnet die Tür | Leichte Kamerafahrt nach oben | mittelstarke, relativ scharfe Schatten, leichte Beleuchtung von links | Kindergesang endet, schnelle Schritte auf der Treppe, Tür öffnen |

| | |
|---|---|
| Annie (*off screen*): Alright children, now please put your songbooks away, then stand up alongside your desks. We'll go for recess as soon as everybody gets ready. | |
| | |
| | |
| | |
| | |
| | |
| | |
| | |

## 2. Einstellungsprotokoll: SABOTAGE
TC 00:50:56 – 00:53:00

| Nr. | Dauer (s) | Einstellungsgröße | Screenshot | Bildinhalt/-komposition | Handlung | Kameraposition/-bewegung | Beleuchtung/ Kontrast | Ton: Musik, Geräusche |
|---|---|---|---|---|---|---|---|---|
| 0 | 6 | A | | Steve erst in rechter (stehend), dann in linker Bildhälfte (sitzend), Passagierin in rechter Bildhälfte, Frontfenster des Busses in rechter oberer Bildecke, Fahrerkabine hintergründig in linker Bildhälfte | Steve sucht nach einem Sitzplatz und setzt sich | Kamera etwas unter Augenhöhe | Hauptbeleuchtung von rechts, Gesicht Steves stark ausgeleuchtet | Musik setzt ein |
| 1 | 6 | HN | | Steve in linker Bildhälfte, Dame mit Hund in rechter Bildhälfte | Steve spielt mit dem Hund seiner Banknachbarin, sieht nach links aus dem Fenster, Bus fährt | Kamera leichter über Augenhöhe | Hauptbeleuchtung von links, Kontrast durch dunkle Hüte / Mantel und helle Gesichter, weiche Schatten | Musik |
| 2 | 3 | G | | Uhr mit römischem Zifferblatt an Hauswand | Uhrzeit: 13.31 Uhr | Kamera in leichter Untersicht | Beleuchtung von links oben, starker Kontrast durch Schatten und helles Zifferblatt | Musik kurzzeitig lauter (subito sforzato) |

| | | | | | | | |
|---|---|---|---|---|---|---|---|
| 3 | 9 | N | | Steve in linker Bildhälfte, Hund in rechter Bildhälfte | Steve schaut sich nervös um, spielt wieder mit dem Hund | Kamera leichter über Augenhöhe | Hauptbeleuchtung von rechts, Kontrast durch dunkle Kappe und helles Gesicht und Hundefell, starker Schatten im Gesicht | Musik |
| 4 | 2 | G | | Paket und Filmrolle auf der Sitzbank neben Steve | - | Kamera auf „Augenhöhe" | Hauptbeleuchtung von links, Kontrast durch Sitzpolster und Paket | Musik kurzzeitig lauter (subito sforzato) |
| 5 | 6 | N | | Steve in linker Bildhälfte, Hund in rechter Bildhälfte | Steve schaut nervös aus dem Fenster | Kamera auf Augenhöhe | Hauptbeleuchtung von rechts, Kontrast durch dunkle Kappe und helles Gesicht und Hundefell, starker Schatten im Gesicht | |
| 6 | 3 | N | | Weitere öffentliche Uhr an Hauswand | Uhrzeit: 13.36 Uhr | Kamera in Froschperspektive | Beleuchtung von links oben, Kontrast durch Schatten und helles Zifferblatt | Musik kurzzeitig lauter (subito sforzato) |

| | | | | | | | |
|---|---|---|---|---|---|---|---|
| 7 | 3 | HT | | Mann in linker Bildhälfte, Bus in rechter Bildhälfte, Autos am oberen Bildrand, Frau am linken Bildrand | Bus hält hinter einer Straßenaufsicht | Kamera-Aufsicht | Hauptbeleuchtung von hinten links, Kontrast durch helle Straße und dunkle Uniform | Musik, Verkehrsgeräusche |
| 8 | 2 | N | | Steve in linker Bildhälfte, Hund in rechter Bildhälfte | Steve schaut wieder nervös aus dem Fenster | Kamera auf Augenhöhe | Hauptbeleuchtung von rechts, Kontrast durch dunkle Kappe und helles Gesicht und Hundefell, starker Schatten im Gesicht | Musik |
| 9 | 3 | G | | Paket und Filmrolle auf Sitzbank, Steves Hand links | Steve schiebt das Paket leicht zu sich heran | Kamera in Vogelperspektive | Hauptbeleuchtung von links, schwacher Kontrast durch Jacke und Paket | Musik |
| 10 | 2 | N | | Steve mittig im Bild, Hund am rechten Bildrand | Steve sieht bedrückt zu Boden, schaut nach rechts | Kamera auf Augenhöhe | Hauptbeleuchtung von rechts, Kontrast durch dunkle Kappe und helles Gesicht und Hundefell, starker Schatten im Gesicht | Musik |

139

| | | | | | | | |
|---|---|---|---|---|---|---|---|
| 11 | 3 | A | | Fahrkartenkontrolleur mittig im Bild, Fahrerkabine am linken Bildrand, im Hintergrund: Frontfenster des Busses | Mann sieht sich im Bus um | Kamera leicht unter Augenhöhe | Hauptbeleuchtung von vorne links, Kontrast durch dunkle Uniform | Musik steigert sich, wird lauter |
| 12 | 2 | | | Straße mit Passanten in oberer linker Bildecke, Rest des Bildes: Autos | Autos stehen im Stau, Passanten laufen vorbei | Kamera in Vogelperspektive | Szene im Schatten, schwache Kontraste durch verschieden farbige Autos | Musik steigert sich, wird lauter |
| 13 | 2 | G | | Paket und Filmrolle auf Sitzbank, Steves Hand auf dem Paket liegend, Knie in rechter unterer Ecke | Steve klopft leicht auf das Paket | Kamera in leichter Untersicht | Hauptbeleuchtung von links, Kontrast durch Sitzpolster und helle Haut | Musik steigert sich, wird lauter (crescendo) |
| 14 | 4 | N | | Steve mittig im Bild, Hund am rechten Bildrand | Steve schaut wieder nervös aus dem Fenster | Kamera auf Augenhöhe | Hauptbeleuchtung von rechts, Kontrast durch dunkle Kappe und helles Gesicht und Hundefell, starker Schatten im Gesicht | Musik wird wieder ruhiger |

| | | | | | | | |
|---|---|---|---|---|---|---|---|
| 15 | 2 | G | | Paket auf Sitzbank, hinter Steves Arm | - | Kamera in Vogelperspektive | Hauptbeleuchtung von oben, Kontrast durch Jacke und Paket | Musik wird wieder ruhiger und langsamer |
| 16 | 5 | N | | Steve in linker Bildhälfte, Hund in rechter Bildhälfte | Steve spielt wieder mit dem Hund, schaut dann nach rechts aus dem Fenster | Kamera leichter über Augenhöhe | Hauptbeleuchtung von rechts, Kontrast durch dunkle Kappe und helles Gesicht und Hundefell, starker Schatten im Gesicht | Musik |
| 17 | 4 | HN | | Weitere öffentliche Uhr an Hauswand rechts | Uhrzeit: 13.43 Uhr | Kamera in Froschperspektive, Kamerafahrt nach links | Beleuchtung von links, starker Kontrast durch Schatten und weißes Ziffernblatt / helle Hausfassade | Musik |
| 18 | 2 | N | | Paket auf Sitzbank, hinter Steves Arm | - | Kamera in Vogelperspektive | Hauptbeleuchtung von oben, Kontrast durch Sitzpolster und Paket | Musik etwas lauter |

141

| | | | | | | | | |
|---|---|---|---|---|---|---|---|---|
| 19 | 2 | | | Straße mit Passanten in oberer linker Bildecke, Rest des Bildes: Autos | Stau lockert sich, Autos fahren an | Kamera in Vogelperspektive | Szene im Schatten, schwache Kontraste durch verschieden farbige Autos | Musik steigert sich wieder |
| 20 | 3 | N | | Ampel mittig im Bild, Hintergrund: Hausfassade | Ampel auf gelb | Kamera in „Augenhöhe" | Hauptbeleuchtung von rechts, Kontrast durch Ampellicht und schattige Umgebung | Musik steigert sich wieder |
| 21 | 8 | N | | Steve in linker Bildhälfte, Hund in rechter Bildhälfte | Steve schaut den Hund an, blickt sich nach links und rechts um | Kamera auf Augenhöhe | Hauptbeleuchtung von rechts, Kontrast durch dunkle Kappe und helles Gesicht und Hundefell, starker Schatten im Gesicht | Musik steigert sich wieder, leises Hupen |
| 22 | 2 | A | | Mann in rechter Bildhälfte, Busfenster in oberer Bildhälfte, Fahrerkabine in linker Bildhälfte | Mann schaut aus dem Fenster | Kamera etwas unter Augenhöhe | Hauptbeleuchtung von vorne links, Kontrast durch dunkle Uniform | Musik wieder etwas ruhiger |

| | | | | | | | |
|---|---|---|---|---|---|---|---|
| 23 | 2 | | Autos im gesamten Bild verteilt, Bus am oberen Bildrand, Mann auf Fahrrad in unterer linker Bildecke | Autos halten wieder an | Kamera in Vogelperspektive | Hauptbeleuchtung von vorne, Kontraste durch verschieden farbige Autos | Musik |
| 24 | 2 | N | Ampel mittig im Bild, Hintergrund: Hausfassade | Ampel auf rot | Kamera auf „Augenhöhe" | Hauptbeleuchtung von rechts, Kontrast durch Ampellicht und schattige Umgebung | Musik |
| 25 | 2 | G | Paket liegt auf Filmrolle, Steves Hand ruht auf Paket | Unruhige Fingerbewegungen | Kamera etwa in „Augenhöhe" | Hauptbeleuchtung von links, Kontrast durch Sitzpolster und helle Haut | Musik |
| 26 | 8 | N | Steve mittig im Bild, Hund am rechten Bildrand | Steve schaut immer wieder nervös um und blickt aus dem Fenster | Kamera auf Augenhöhe | Hauptbeleuchtung von rechts, Kontrast durch dunkle Kappe und helles Gesicht und Hundefell, starker Schatten im Gesicht | Musik |

| | | | | | | | |
|---|---|---|---|---|---|---|---|
| 27 | 1 | HN | | Uhr an Hauswand links | Uhrzeit: 13:45 Uhr | Kamera in Froschperspektive | Beleuchtung von links, Kontrast durch Schatten und helles Ziffernblatt | Musik wird schneller und lauter (subito sforzato, crescendo) |
| 28 | 3 | G | | Paket und Filmrolle auf Sitzbank, Steves Hand auf dem Paket liegend, Knie in rechter unterer Ecke | Steves Hand fährt über das Paket | Kamera in leichter Untersicht | Hauptbeleuchtung von links, Kontrast durch Sitzpolster und Paket / helle Haut | Musik steigert sich weiter |
| 29 | 5 | N | | Steve in linker Bildhälfte, Hund in rechter Bildhälfte | Steve blickt aus dem Fenster, schaut dann wieder den Hund an und lächelt | Kamera auf Augenhöhe | Hauptbeleuchtung von rechts, Kontrast durch dunkle Kappe und helles Gesicht und Hundefell, starker Schatten im Gesicht | Musik wird immer schneller |
| 30 | 2 | N | | Ampel mittig im Bild, Hintergrund: Hausfassade | Ampel springt auf gelb | Kamera etwas unter „Augenhöhe" | Hauptbeleuchtung von rechts, Kontrast durch Ampellicht und schattige Umgebung | Musik wird immer schneller |

| 31 | 2 | N | | Steve in linker Bildhälfte, Hund in rechter Bildhälfte | Steve schaut aus dem Fenster, wendet sich dann wieder dem Hund zu und lächelt | Kamera auf Augenhöhe | Hauptbeleuchtung von rechts, Kontrast durch dunkle Kappe und helles Gesicht und Hundefell, starker Schatten im Gesicht | Musik wird immer schneller |
|---|---|---|---|---|---|---|---|---|
| 32 | 2 | G | | Uhr füllt Bild aus | Uhrzeit: 13:45 Uhr | Kamera in „Augenhöhe" | Beleuchtung von vorne, Kontrast durch dunkle Ziffern und helles Ziffernblatt | Musik schwillt bedrohlich an (crescendo) |
| 33 | 3 | D | | Detailausschnitt des Minutenzeigers auf IX | Zeiger rückt eine Minute vor | | Beleuchtung von vorne, Kontrast durch dunkle Ziffern und helles Ziffernblatt | Musik schwillt bedrohlich an (crescendo) |
| 34 | <1 | G | | Paket fast komplett m Bild, Filmrolle am unteren Bildrand | | Kamera in extremer Aufsicht | Hauptbeleuchtung von oben, Kontrast durch Paket und Schatten | Lang gezogener Ton |

145

| | | | | | | | | |
|---|---|---|---|---|---|---|---|---|
| 35 | <1 | D | | Vordere rechte Ecke von Paket in der oberen Bildhälfte, Teil der Filmrolle in der unteren Bildhälfte | | Kamera in leichter Aufsicht | Hauptbeleuchtung von links, Kontrast durch Paket und Schatten | Lang gezogener Ton |
| 36 | <1 | D | | Paket in den oberen Dritteln des Bildes, Filmrolle im unteren Drittel | Paket explodiert | Kamera in Froschperspektive | Hauptbeleuchtung von links, Kontrast durch hellen Rauch und Schatten | Explosion |
| 37 | <1 | T | | Bus mittig im Bild, Straße in unterer Bildhälfte, Hausfassade in oberer Bildhälfte | Bus explodiert | Kamer auf Augenhöhe | Hauptbeleuchtung von vorne, Kontrast durch hellen Rauch und umgebende Schatten | Explosion |

## 3. Einstellungsprotokoll: THE MAN WHO KNEW TOO MUCH
TC 01:46:17 – 01:51:24

| Nr. | Dauer (s) | Einstellungsgröße | Screenshots | Kameraposition/-bewegung | Handlung / Figurenverhalten | Dialog | Ton: Musik, Geräusche |
|---|---|---|---|---|---|---|---|
| 0 | 8 | HN | | Auf Augenhöhe, keine Bewegung | Publikum verteilt sich im Saal, Botschafter und Minister nehmen in der ersten Reihe Platz, Joe dreht Kopf nach rechts zu Ben | | Leises Stühlerücken und Gemurmel |
| 1 | 1 | N | | Auf Augenhöhe, keine Bewegung | Joe blickt sorgenvoll zu Ben | | Leises Gemurmel |
| 2 | 2 | N | | Leichte Untersicht, keine Bewegung | Ben erwidert Joes Blick | | Leises Gemurmel, die ersten Klaviertöne erklingen |
| 3 | 11 | HT | | Auf Augenhöhe (mit Joe) | Joes beginnt zu singen | Joe (*singt*): When I was just a little girl I asked my mother: What will I be?- | Joes Gesang Song: "Que Sera, Sera (Whatever Will Be, Will Be)" (Text: Livingston/Evans, |

| | | | | | | | Interpret: Doris Day |
|---|---|---|---|---|---|---|---|
| | | | | | | | Klavier |
| 4 | 4 | HT | | Auf Augenhöhe mit stehendem Publikum | Joe singt, Publikum hört zu | Joe (offscreen, singt): -Will I be pretty, will I be rich?- | Joes Gesang, Klavier |
| 5 | 9 | N | | Auf Augenhöhe, keine Bewegung | Joes singt und spielt Klavier | Joe (singt): -Here's what she said to me. (singt lauter) Que sera, sera.- | Joes Gesang nimmt mit dem Refrain deutlich an Lautstärke zu, Klavier |
| 6 | 4 | N | | Auf Augenhöhe mit Personen im Vordergrund | Joe weiterhin singend, Frau im gelben Kleid schaut missbilligend zu ihrem Sitznachbarn, ältere Damen wirken irritiert | Joe (offscreen, singt): -Whatever will be, will be.- | Joes Gesang weiterhin in stark erhöhter Lautstärke, Klavier |
| 7 | 4 | N | | Leichte Untersicht | Botschafter und Minister wirken irritiert, Joe singt weiter | -The future's not ours to see.- | Joes Gesang weiterhin in stark erhöhter Lautstärke, Klavier |
| 8 | 4 | N | | Auf Augenhöhe, keine Bewegung | Joes singt und spielt Klavier | - (etwas leiser) Que sera, sera. - | Joes Gesang wird leiser, Klavier |

148

| | | | | | | |
|---|---|---|---|---|---|---|
| 9 | 3 | A | | Ungefähr auf Augenhöhe mit stehenden Zuschauern | Joe singt und spielt Klavier | Joe (offscreen, singt):<br>- What will be, will be. - | Joes Gesang, Klavier |
| 10 | 9 | HT | | Kamera in leichter Untersicht, langsame Fahrt nach rechts | | Joe (offscreen, singt):<br>-When I was just a child in school I asked my teacher: What should I try?- | Joes Gesang entfernt sich leicht, Klavier |
| 11 | 2 | HT | | Kamera in Untersicht | | -Should I paint pictures,- | Joes Gesang leicht entfernt, Klavier |
| 12 | 3 | HT | | Kamera in starker Untersicht | | -should I sing songs?- | Joes Gesang leicht entfernt, Klavier |

| | | | | | | |
|---|---|---|---|---|---|---|
| 13 | 2 | HT | | Kamera unter Augenhöhe | | -This was her wise reply:- | Joes Gesang leicht entfernt, Lautstärke fällt etwas ab, Klavier |
| 14 | 3 | HT | | Kamera in leichter Untersicht | | -Que sera,- | Joes Gesang wieder etwas lauter |
| 15 | 2 | HT | | Kamera in Untersicht | | -sera, - | Joes Gesang leicht entfernt, Klavier |
| 16 | 3 | T | | Kamera leicht unter Augenhöhe | | -whatever will be, will be.- | Joes Gesang leicht entfernt, Klavier |
| 17 | 2 | HN | | Kamera auf Augenhöhe | | -The future's- | Joes Gesang leicht entfernt, Klavier |

| | | | | | | |
|---|---|---|---|---|---|---|
| 18 | 3 | G | | Kamera unter Augenhöhe | | -not ours to see.- | Joes Gesang leicht entfernt, Klavier |
| 19 | 6 | HT | | Kamera ungefähr auf Augenhöhe (mit Hank) | Mrs. Drayton läuft nervös auf und ab, Hank kauert auf dem Sofa | -Que sera, sera. What will be, will- | Joes Gesang stark gedämpft, aber noch gut zu vernehmen |
| 20 | 3 | N | | Kamera auf Augenhöhe | Hank starrt ins Leere | -be.- | Joes Gesang stark gedämpft, aber noch gut zu vernehmen |
| 21 | 3 | HN | | Kamera auf Augenhöhe | Joe singt | -When I grew up and fell in love,- | Joes Gesang, Klavier |
| 22 | 9 | N | | Kamera auf Augenhöhe | Joe blickt leicht verzweifelt zu Ben | - I asked my sweetheart: What lies ahead? Will we have rainbows,- | Joes Gesang, Klavier |

| | | | | | | |
|---|---|---|---|---|---|---|
| 23 | 7 | N | | Leichte Untersicht, langsame Fahrt nach links, Bens Bewegung folgend | Ben nickt leicht und geht langsam hinter den Zuschauern entlang zum Saalausgang | -day after day? Here's what my sweetheart said: Que- | Joes Gesang, Klavier |
| 24 | 13 | N | | Kamera in Augenhöhe, leichte Bewegung nach rechts | Hank lauscht Gesang, dreht seinen Kopf langsam nach rechts, steht schlagartig auf, rennt zur Tür und rüttelt am Knauf | -sera, sera. Whatever will be, will be. Que sera, - <br><br> Hank (*schreiend,*): That's my mother's voice! That's my mother singing! <br><br> Joe (offscreen, *singend*): -sera. - | Joes Gesang stark gedämpft, aber noch gut zu vernehmen |
| 25 | 9 | A A | | Kamera leicht unter Augenhöhe | Mrs. Drayton blickt auf | Mrs. Drayton (*überrascht*): What? Are you sure, Hank? Are you quite sure? <br><br> Joe (offscreen, *singend*): -What will be, will be. When I was just a child in school- | Joes Gesang stark gedämpft, teilweise von Dialog überlagert |
| 26 | 2 | HN | | Kamera auf Augenhöhe | Hank rüttelt weiter an der Tür | Hank: (*schreiend*) That's her! I know it! <br><br> Joe (*singend*): I asked my teacher:- | Joes Gesang stark gedämpft, teilweise von Dialog überlagert |

152

| | | | | | | | |
|---|---|---|---|---|---|---|---|
| 27 | 22 | N | | | Kamera auf Augenhöhe, Fahrt nach rechts zur Tür | Mrs. Drayton geht langsam zur Tür | -What shall I try?<br><br>Mrs. Drayton (*zu sich selbst*): What is she doing here?<br><br>Joe (*singend*): - Should I paint pictures, should I sing songs? This was her wise reply: Que sera, sera. Whatever will be, will be.-<br><br>Mrs. Drayton (*zu Hank*): Hank, can you whistle that song?<br><br>Joe (officscreen, *singend*): - The future's- | Joes Gesang stark gedämpft, teilweise von Dialog überlagert |
| | | N | | | | | | |
| 28 | 1 | N | | | Kamera in Aufsicht | Hank blickt unsicher zu Mrs. Drayton hinauf | -not ours to see.-<br><br>Hank: (*leise*) I guess so. | Joes Gesang stark gedämpft, teilweise von Dialog überlagert |
| 29 | 4 | G | | | Kamera in Aufsicht | Mrs. Drayton kniet vor Hank nieder | Mrs. Drayton: Then go on, whistle it.-<br><br>Joe (officscreen, *singend*): - Que sera, sera.- | Joes Gesang stark gedämpft, teilweise von Dialog überlagert |

| # | | | | Kamera | Handlung | Dialog | Ton |
|---|---|---|---|---|---|---|---|
| 30 | G | 11 | | Kamera in leichter Untersicht | Hank beginnt zu pfeifen | Mrs. Drayton (*eindringlich*): -Whistle as loud as you can.<br><br>Joe (offscreen, *singend*): -When I grew up and fell in love, I asked my sweetheart: What- | Joes Gesang stark gedämpft, teilweise von Dialog überlagert, lautes Pfeifen |
| 31 | HN | 6 | | Kamera auf Augenhöhe | Joe singt und spielt Klavier | Joe (*singt*):<br>-lies ahead? Will we have rainbows, day after- | Joes Gesang, Klavier, Pfeifen stark gedämpft und von Gesang überlagert |
| 32 | N | 9 | | Kamera auf Augenhöhe | Joe beendet ihre aktuelle Strophe. Bevor Sie zum Refrain ansetzt, hört sie die Pfiffe Ihres Sohnes und stockt. Sie blickt auf zu Ben. | -day? Here's what my sweetheart said.- | Joes Gesang, Klavier, Pfeifen zunächst von Gesang überlagert, dann sehr überdeutlich zu hören |
| 33 | N | 4 | | Leichte Untersicht | Ben bleibt abrupt stehen, lauscht dem Pfeifen, blickt hoffnungsvoll zu Joe | -ever will be, will be.- | Pfeifen überdeutlich hörbar, dann von Gesang und Klavier überlagert |
| 34 | N | 6 | | Kamera auf Augenhöhe | | -The future's not ours to see. Que sera, sera.- | Joes Gesang, Klavier, Pfeifen überdeutlich, aber von Gesang überlagert |

| | | | | | | |
|---|---|---|---|---|---|---|
| 35 | 5 | N | | Leichte Untersicht | Ben lächelt und geht weiter langsam zum Saalausgang. | -What will be, will be. - | Joes Gesang, Klavier, Pfeifen überdeutlich, aber von Gesang überlagert |
| 36 | 6 | N | | Kamera auf Augenhöhe | | -Now I have children of my own. They asked their mother: What- | Joes Gesang, Pfeifen nicht mehr zu hören |
| 37 | 13 | N | | Kamera fährt nach links, Bens Bewegung folgend | | -will I be? Will I be handsome, will I be rich? I tell them tenderly:- | Joes Gesang, Klavier, Pfeifen nicht mehr zu hören |
| 38 | 4 | N | | Kamera auf Augenhöhe | | -Que sera, sera.- | Joes Gesang, Klavier, Pfeifen nicht mehr zu hören |
| 39 | 12 | A | | Kamera auf Augenhöhe | Ben lehnt am Türrahmen und wartet kurz ab. Schließlich schleicht er rückwärts in die Empfangshalle. | -Whatever will be, willbe. The future's not ours to see. Que sera, sera. What will be,- | Joes Gesang, Klavier |

155

| | | | | | | |
|---|---|---|---|---|---|---|
| 40 | 4 | T | | Kamera in leichter Untersicht | | -will be. | Joes Gesang wieder leicht entfernt, Klavier |
| 41 | 4 | A | | Kamera ungefähr auf Augenhöhe | | Mr. Drayton: You two wait in the mailroom. I'll bring him down. | Joes Gesang sehr gedämpft, lang gezogen |
| 42 | 4 | A | | Kamera in Untersicht | | Joe (offscreen, singend): -will be.<br><br>Mr. Drayton: Give me about five minutes. | Joes Song endet, Applaus setzt ein |
| 43 | 3 | T | | Kamera in leichter Untersicht | Ben geht raschen Schrittes zur Treppe. | | Applaus |
| 44 | 8 | N | | Kamera in Aufsicht | Hank liegt schluchzend auf dem Sofa. Mrs. Drayton streicht ihm sanft über das Haar. | | Hintergründige Klaviermusik, undeutlicher Gesang |

| 45 | 41 | HN | | Kamerafahrt leicht nach oben, dann von links nach rechts (zur Tür), | Hank liegt schluchzend auf dem Sofa. Mrs. Drayton läuft unruhig zur Tür und horcht. Sie geht langsam wieder zum Kamin, wendet sich dann nach links und geht rasch zum Fenster, wo sie nach draußen blickt. Mit angstvollem Blick geht sie wieder zum Sofa und kniet sich zu Hank nieder. | Hintergründige Klaviermusik, undeutlicher Gesang |
|---|---|---|---|---|---|---|
| | | HN | | dann zurück zum Kamin nach links, | | Schritte von Mrs. Drayton |
| | | A | | weiter nach links zum Fenster, | | Schritte |
| | | HN | | schließlich wieder zurück zum Sofa | | Gesang etwas lauter zu hören, |
| | | HN | | | | dann wieder sehr gedämpft, entfernte |

| | | | | | |
|---|---|---|---|---|---|
| | | | | | Schritte (*offscreen*) |
| 46 | 5 | D | | Kamera in Augenhöhe | Hintergründige Klaviermusik, undeutlicher Gesang, Schritte, dann leises Umdrehen des Türknaufs |
| 47 | 2 | N | | Kamera in Augenhöhe | Mrs. Drayton stößt einen verzweifelten Schrei aus. | Mrs. Drayton (*schreit*): No! | Mrs. Draytons Schrei |
| 48 | 3 | HT | | Kamera ungefähr in Augenhöhe (von Ben) | Ben bricht zur Tür herein. Er blickt nach links und stürzt zu Hank. | | Lautes Krachen der Tür, Gesang nun deutlicher zu hören |

# FILM- UND MEDIENWISSENSCHAFT

Herausgegeben von Irmbert Schenk und Hans Jürgen Wulff

ISSN 1866-3397

1 *Oliver Schmidt*
   Leben in gestörten Welten
   Der filmische Raum in David Lynchs *Eraserhead*, *Blue Velvet*, *Lost Highway* und *Inland Empire*
   ISBN 978-3-89821-806-1

2 *Indra Runge*
   Zeit im Rückwärtsschritt
   Über das Stilmittel der chronologischen Inversion in *Memento*, *Irréversible* und *5 x 2*
   ISBN 978-3-89821-840-5

3 *Alina Singer*
   Wer bin ich? Personale Identität im Film
   Eine philosophische Betrachtung von *Face/Off*, *Memento* und *Fight Club*
   ISBN 978-3-89821-866-5

4 *Florian Scheibe*
   Die Filme von Jean Vigo
   Sphären des Spiels und des Spielerischen
   ISBN 978-3-89821-916-7

5 *Anna Praßler*
   Narration im neueren Hollywoodfilm
   Die Entwürfe des Körperlichen, Räumlichen und Zeitlichen in *Magnolia*, *21 Grams* und *Solaris*
   ISBN 978-3-89821-943-3

6 *Evelyn Echle*
   Danse Macabre im Kino
   Die Figur des personifizierten Todes als filmische Allegorie
   ISBN 978-3-89821-939-6

7 *Miriam Grossmann*
   Soziale Figurationen und Selbstentwürfe
   Schauspieler und Figureninszenierung in Eric Rohmers *Pauline am Strand*, *Vollmondnächte* und *Das grüne Leuchten*
   ISBN 978-3-89821-944-0

8 *Peter Klimczak*
   40 Jahre ‚Planet der Affen'
   Zeitgeist- und Reihenkompatibilität – über Erfolg und Misserfolg von Adaptionen
   ISBN 978-3-89821-977-8

9 *Ingo Lehmann*
   Ziellose Bewegungen und mediale Selbstauflösung
   Das absurde «Genrefilm-Theater» Monte Hellmans
   ISBN 978-3-89821-917-4

10 *Gerd Naumann*
   Der Filmkomponist Peter Thomas
   Von Edgar Wallace und Jerry Cotton zur Raumpatrouille Orion
   ISBN 978-3-8382-0003-3

11 *Anja-Magali Bitter*
   Die Inszenierung des Realen
   Entwicklung und Perzeption des neueren französischen Dokumentarfilms
   ISBN 978-3-8382-0066-8

12 *Martin Hennig*
   Warum die Welt Superman nicht braucht
   Die Konzeption des Superhelden und ihre Funktion für den Gesellschaftsentwurf in US-amerikanischen Filmproduktionen
   ISBN 978-3-8382-0046-0

13 *Esther Lulaj*
   Nimm (nicht) ab!
   Zur Funktion des Telefons im Spielfilm – Von Metropolis bis Matrix
   ISBN 978-3-8382-0125-2

14 *Boris Rozanski*
   Das ungleiche Liebespaar in der 'Screwball Comedy'
   Paarbildung und Selbstfindung von Frank Capras *It Happened One Night* bis zu Jonathan Demmes *Something Wild*
   ISBN 978-3-8382-0145-0

15 *Carolin Lano*
   Die Inszenierung des Verdachts
   Überlegungen zu den Funktionen von TV-mockumentaries
   ISBN 978-3-8382-0214-3

16 *Christine Piepiorka*
   LOST in Narration
   Narrativ komplexe Serienformate in einem transmedialen Umfeld
   ISBN 978-3-8382-0181-8

17 *Daniela Olek*
   LOST und die Zukunft des Fernsehens
   Die Veränderung des seriellen Erzählens im Zeitalter von *Media Convergence*
   ISBN 978-3-8382-0174-0

18 *Eleonóra Szemerey*
   Die Botschaft der grauen Wand
   Über die Vermittlung von Hoffnung und Hoffnungslosigkeit in Aki Kaurismäkis Verlierer-Filmen
   ISBN 978-3-8382-0222-8

19 *Florian Plumeyer*
   Sadismus und Ästhetisierung
   Folter als kultureller und filmischer Exzess im Gegenwartskino
   ISBN 978-3-8382-0188-7

20 *Jonas Wegerer*
   Der nahe Fremde: Der amerikanische Western in den Kinos der Bundesrepublik Deutschland (1948-1960)
   Eine rezeptionshistorische Analyse
   ISBN 978-3-8382-0307-2

21  *Peter Podrez*
    Der Sinn im Untergang
    Filmische Apokalypsen als Krisentexte im atomaren und ökologischen Diskurs
    ISBN 978-3-8382-0254-9

22  *Yvonne Augustin*
    Episodisches Erzählen im Film
    Alejandro González Iñárritus Filmtrilogie AMORES PERROS, 21 GRAMS und BABEL
    ISBN 978-3-8382-0335-5

23  *Julia Steimle*
    Fiktive Realität – reale Fiktion
    Realitätsebenen und ihre Integration im Hollywood-Backstage-Musical, untersucht anhand von THE BROADWAY MELODY, GOLD DIGGERS OF 1933, THE BAND WAGON, ALL THAT JAZZ und MOULIN ROUGE!
    ISBN 978-3-8382-0319-5

24  *Jana Heberlein*
    Die Neue Berliner Schule
    Zwischen Verflachung und Tiefe: Ein ästhetisches Spannungsfeld in den Filmen von Angela Schanelec
    ISBN 978-3-8382-0407-9

25  *Karoline Stiefel*
    Geistesblitze und Genialität – Bilder aus dem Gehirn des Detektivs
    Die Visualisierung von Imagination in den TV-Serien SHERLOCK und HOUSE, M.D.
    ISBN 978-3-8382-0522-9

26  *Stephanie Boniberger*
    Musical in Serie
    Von Buffy bis Grey's Anatomy: Über das reflexive Potential der special episodes amerikanischer TV-Serien
    ISBN 978-3-8382-0492-5

27  *Phillip Dreher*
    Morin und der Film als Spiegel
    Eine theoriegeschichtliche Verortung der Filmtheorie von Edgar Morin
    ISBN 978-3-8382-0486-4

28  *Marlies Klamt*
    Das Spiel mit den Möglichkeiten
    Variantenfilme – Zwischen Multiperspektivität und Chaostheorie
    ISBN 978-3-8382-0811-4

29  *Ralf A. Linder*
    Zwischen Propaganda und Anti-Kriegsbotschaft:
    Die Darstellung des Krieges im US-amerikanischen Spielfilm als Indikator gesellschaftlichen Wandels
    ISBN 978-3-8382-0750-6

30  *Jana Zündel*
    An den Drehschrauben filmischer Spannung
    Zeit und Raum bei Alfred Hitchcock.
    Verzögerungen und Deadlines, klaustrophobische und expansive Räume
    ISBN 978-3-8382-0940-1

# Sie haben die Wahl:

Bestellen Sie die Schriftenreihe
*Film- und Medienwissenschaft*
**einzeln** oder im **Abonnement**

per E-Mail: vertrieb@ibidem-verlag.de | per Fax (0511/262 2201)
als Brief (*ibidem*-Verlag | Leuschnerstr. 40 | 30457 Hannover)

---

**Bestellformular**

☐ Ich abonniere die Schriftenreihe *Film- und Medienwissenschaft*
ab Band # \_\_\_\_

☐ Ich bestelle die folgenden Bände der Schriftenreihe
*Film- und Medienwissenschaft*
# \_\_\_\_; \_\_\_\_; \_\_\_\_; \_\_\_\_; \_\_\_\_; \_\_\_\_; \_\_\_\_; \_\_\_\_; \_\_\_\_; \_\_\_\_

Lieferanschrift:

Vorname, Name ..................................................................................

Anschrift .............................................................................................

E-Mail................................................ | Tel.: .....................................

Datum ............................................... | Unterschrift ..........................

---

**Ihre Abonnement-Vorteile im Überblick:**
- Sie erhalten jedes Buch der Schriftenreihe pünktlich zum Erscheinungstermin – immer aktuell, ohne weitere Bestellung durch Sie.
- Das Abonnement ist jederzeit kündbar.
- Die Lieferung ist innerhalb Deutschlands versandkostenfrei.
- Bei Nichtgefallen können Sie jedes Buch innerhalb von 14 Tagen an uns zurücksenden.

*ibidem*-Verlag

Melchiorstr. 15

D-70439 Stuttgart

info@ibidem-verlag.de

www.ibidem-verlag.de
www.ibidem.eu
www.edition-noema.de
www.autorenbetreuung.de